과학 블로그

과학 불고 3

자연을 이해하다, 그리스와 로마

| 초판 1쇄 인쇄 | 2015년 3월 25일 |
| 초판 1쇄 발행 | 2015년 4월 1일 |

지은이 | 과학노리
펴낸이 | 박정태
펴낸곳 | 사이언스주니어

주　　소 | 413-120 파주시 파주출판문화도시 광인사길 161 광문각빌딩
전　　화 | (031) 955-8787
팩　　스 | (031) 955-3730
등록번호 | 제406-2014-000118호
HOME | www.kwangmoonkag.co.kr
Email | kwangmk7@hanmail.net
블로그 | http://blog.daum.net/g90605/
　　　　 http://blog.naver.com/g90605

ⓒ 2015, 과학노리

ISBN　979-11-954185-9-6(set)
　　　　979-11-86474-01-3(74400)

값은 뒷면에 표기되어 있습니다.
저자와의 협의하에 인지는 붙이지 않습니다.
잘못된 책은 구입하신 서점에서 바꾸어 드립니다.

상위 1%로 가는 비밀 수업

과학 블로그

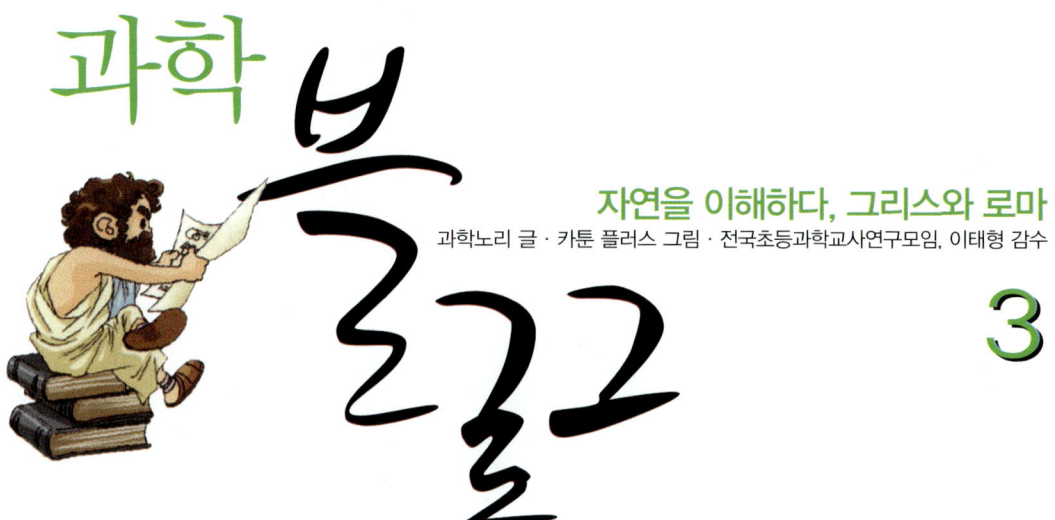

자연을 이해하다, 그리스와 로마

과학노리 글 · 카툰 플러스 그림 · 전국초등과학교사연구모임, 이태형 감수

3

사이언스주니어

이 책을 읽기 전에

우리가 배우고 있는 과학은 언제부터 시작되었을까요? 백 년 전이나 천 년 전? 아니면 더 오래전 옛날부터?

사실 아주 오래전 인류가 인간이란 이름을 갖던 시절부터 과학은 시작되었습니다. 처음엔 자연의 공포에서 벗어나기 위해 시작되었고, 그것을 토대로 좀 더 편하고 쉬운 도구나 생활에 필요한 것들을 충족시키기 위해 발전시켰습니다.

이렇게나 오랜 세월을 쌓아온 과학은 처음부터 지금처럼 독립적으로 공부해야 하는 하나의 학문으로 시작된 것이 아닙니다. 처음 원시인들은 추위를 피하기 위해 불을 지피는 법을 발견하였고, 그것이 발단이 되어 도시가 만들어졌으며, 도시의 사람들을 위한 물건들을 만들거나 건축물을 세우기 위해 여러 분야로 발달해 갔습니다.

그래서 과학은 인간이 거인으로 성장하는 역사를 보여주는 가장 중요한 것들입니다. 우리 인간의 역사가 발전하는 모습도 과학의 발전에서 찾아볼 수 있습니다.

처음 통나무를 굴려 커다란 돌을 운반하던 사람들이 바퀴를 발견하였고, 그 바퀴는 수레가 되어 물건을 운송하는 데 있어 큰 변화를 가져왔으며, 현대에는 결코 없어서는 안 될 것이 되었습니다.

우연히 누군가가 동굴 속으로 가져왔던 최초의 불도 인간의 삶을 완전히 바꿔 놓았습니다. 먹는 것에서부터 집에 이르기까지 구조를 바꿔 놓았으며, 이전까지는 추워서 갈 수 없던 땅에까지 인간의 자취를 남기게 되었습니다.

비록 출발은 작은 것이었지만 그 출발들이 없었다면 역사의 발전도 더뎠을 것이고, 아마 현대 문명의 혜택도 누리지 못했을 것입니다. 그리고 그 출발로부터 지금까지의 역사를 살펴보면 우리 인간의 미래의 모습도 상상해 볼 수 있습니다. 아직은 상상 속에서만 존재하는 기술들도 어쩌면 가까운 미래에 실현될지도 모르고 반대로 이러한 발전이 끔찍한 미래를 가져올 수도 있겠지요. 하지만 우리가 지금까지 걸어온 자취를 더듬다 보면 어떤 미래를 꿈꿔야 하고, 그 미래를 이루기 위해 어떤 노력을 해야 하는지도 알 수 있을 것입니다.

미래는 과거를 잘 이해하고 답습하며 현재 최선을 다하는 사람들에게는 꿈이 아닌 현실이 될 수 있습니다. 따라서 이 책은 미래의 소중한 꿈을 가진 어린이들이 자신의 꿈을 이루기 위해 어떤 노력을 하고 어떤 과정을 통해 현실로 만들어낼지를 알게 해주는 소중한 징검다리가 될 것입니다.

고산 (수학·과학 전문 출판기획인)

 감수의 글

우리의 꿈은 위대한 발전을 이룰 수 있게 하는 출발점입니다

여러분의 부모님들은 여러분의 나이 때 '푸른 하늘 은하수', '반짝반짝 작은 별'과 같은 동요를 부르며 우주를 꿈꾸었습니다. 그 동요 속의 우주는 이제 과학의 발달로 현실이 되었습니다. 과학은 여러분의 부모님들에게 꿈을 현실로 선물했습니다. 그리고 그 과학이 만들어 준 새로운 미래에 대한 희망이 여러분을 기다리고 있습니다.

앞으로의 미래를 아름답게 만드는 것은 여러분이 어떤 꿈을 꾸는가에 달려 있습니다. 작고 소박한 꿈부터 우주에 대한 원대한 꿈까지 하나하나의 꿈은 미래를 가꾸어 나가는 큰 힘이 됩니다.

고대 그리스의 철학자들은 '세상이 물로 만들어져 있다', 혹은 '불', '숫자', '흙'으로 만들어져 있을 것이라는 상상을 했습니다. 하지만 그러한 상상이 있었기에 원자의 구조를 밝히게 되었고, 오늘날 우리에게 소중한 에너지를 만들어 주고 있습니다. 우리의 생활에 편리함을 주는 많은 발명품도 그 시작은 작은 꿈에서 시작되었습니다. 그 꿈들을 이루기 위해 새로운 발견들이 나오게 되었고, 그 발견들은 또 다른 과학 혁명들을 불러왔습니다.

이렇게 우리의 꿈은 위대한 발전을 이룰 수 있게 하는 출발점입니다.

이제 여러분들이 부모님들의 뒤를 이어 그 출발점에 서 있습니다. 아름다운 미래를 꿈꾸고 여러분의 부모님이 그랬던 것처럼 그 꿈을 소중히 간직하세요. 그러면 그 꿈은 어린이 여러분을 희망으로 가득한 세상으로 인도할 것입니다.

《과학블로그》는 어린이 여러분에게 아름다운 꿈을 꾸도록 도와줄 것입니다. 이 책에 등장하는 여러분의 부모님의 부모님, 그리고 아주 오래 전의 옛사람들이 꾸었던 꿈이 현실이 된 것처럼 이 책을 통해 여러분의 미래를 설계해 보세요.

대표 감수자 이태형

차례

1부 그리스 문명의 태동 12

첫 번째 수업 미노스 문명 14
클릭클릭 지식 마우스 미노스의 미로, 라비린토스 | 이카로스의 날개

두 번째 수업 미케네 문명 22
클릭클릭 지식 마우스 신화를 증명한 슐리만 | 금 가공의 기원

세 번째 수업 트로이의 전설 32
클릭클릭 지식 마우스 전쟁과 과학 | 세상을 바꾼 사과 | 다시 태어난 트로이 목마

네 번째 수업 그리스의 암흑시대 46
클릭클릭 지식 마우스 고대 그리스의 건축 | 《일리아드》와 《오디세이》

다섯 번째 수업 그리스와 페르시아 58
클릭클릭 지식 마우스 올림픽과 마라톤 | 페르시아 전쟁과 영화 〈300〉

여섯 번째 수업 그리스의 고전 시대 66
클릭클릭 지식 마우스 히포크라테스의 의학

일곱 번째 수업 그리스 신화와 과학 74
클릭클릭 지식 마우스 태양계의 행성 이름 | 왜 그리스에서 자연과학이 발달했을까요?

2부 아테네 학당의 천재들 84

첫 번째 수업 그리스의 자연철학 88
클릭클릭 지식 마우스 엠페도클레스의 4원소 | 제논의 역설 | 그리스인이 생각한 우주 | 그리스의 아인슈타인, 아낙사고라스

두 번째 수업 과학의 아버지 탈레스 100
클릭클릭 지식 마우스 예언자 탈레스 | 닮은 삼각형 | 지구의 둘레를 잰 에라토스테네스

세 번째 수업 수를 사랑한 수학자 피타고라스 110
클릭클릭 지식 마우스 죽음을 부른 $\sqrt{2}$의 비밀 | 마법의 수와 신성한 수 | 피타고라스의 도형수 | 피타고라스의 정다면체

네 번째 수업 원자론의 아버지 데모크리토스 118
클릭클릭 지식 마우스 현대의 원자론

다섯 번째 수업 세상에 과학을 선물한 아리스토텔레스 124
클릭클릭 지식 마우스 생물학자 아리스토텔레스 | 아리스토텔레스의 우주

여섯 번째 수업 수학의 마법사 유클리드 132
클릭클릭 지식 마우스 아름다운 수학자 히파티아 | 고대의 불가능한 3가지 문제

일곱 번째 수업 목욕탕에서 깨달음을 얻은 아르키메데스 138
클릭클릭 지식 마우스 헤론의 증기 터빈 | 원주율 | 필론이 만든 무기들 | 태양까지의 거리를 잰 아리스타르코스 | 관측천문학의 대가 히파르코스 | 최초로 의대를 세운 헤로필로스

3부 헬레니즘의 후계자들 152

첫 번째 수업 헬레니즘과 로마 154
클릭클릭 지식 마우스 디오판토스의 묘비

두 번째 수업 천동설을 완성한 프톨레마이오스 160
클릭클릭 지식 마우스 최초의 시간 측정 장치 | 1년은 정말 365일일까요? | 지구는 둥글다

세 번째 수업 로마의 과학 170
클릭클릭 지식 마우스 로마인의 발명품 콘크리트 | 석굴암의 신비 | 축구공의 비밀 | 수학과 비누 거품 | 미술과 역동적 대칭

네 번째 수업 모든 길은 로마로 184
클릭클릭 지식 마우스 사이펀의 원리 | 트레비 분수의 비밀

다섯 번째 수업 콜로세움과 판테온 196

여섯 번째 수업 고대 과학의 종말 208
클릭클릭 지식 마우스 초기 기독교 건축

《과학 블로그》를 시작하며

우리가 사는 이 땅 위에는 오래전부터 한 '거인'이 살고 있었습니다. 그 거인은 자신의 몸보다 몇 배 큰 물체라도 쉽게 들어 올릴 수 있는 팔을 가지고 있습니다. 그리고 가만히 앉아서도 수천 킬로미터나 계속해서 달릴 수 있는 다리를 가지고 있습니다. 지금껏 어떤 새들도 오르지 못했던 곳까지 그를 데려다 줄 수 있는 날개를 가지고 있고, 바닷속 어떤 물고기보다도 빠르고 유연하게 물속을 헤엄칠 수 있는 지느러미를 가지고 있습니다.

또한, 그에게는 아무도 찾을 수 없는 곳에 숨어 있거나 어둠에 가려져 있는 물체를 볼 수 있는 눈이 있으며, 세상 어느 구석에서 속삭이듯 말하더라도 들을 수 있는 귀가 있습니다. 그동안 자신들의 앞을 막고 있던 산도 더 이상 그에게 장애물이 되지 않습니다. 그에게는 나이아가라의 엄청난 폭포라도 능히 견뎌낼 수 있는 힘이 있습니다. 옛날처럼 땅에서 주는 것을 받기만 하는 것이 아니라 땅을 자신의 힘으로 다스리게 되었고, 거대한 숲을 만들고, 바다와 바다를 연결하고, 황량한 사막에도 물을 끌어들여 자신들이 머물 땅으로 만들어 냈습니다. 그 거인의 이름은 바로 '인간'입니다.

그럼 우리 앞에 서 있는 거인은 언제부터 이 모든 능력들을 갖게 되었을까요? 그리고 어떻게 이런 힘을 갖게 되었을까요? 그러한 궁금증을 해결하기 위해 우리의 할아버지를 찾아볼까요? 그리고 그 할아버지의 할아버지, 또 그 할아버지…… 이렇게 거슬러 올라가다 보면 어느새 역사책에도 없는, 그리고 지금의 우리와는 사는 방식이나 얼굴 생김새, 입고 있는 옷까지도 다른 시대에 가 있을 것입니다. 아마도 그 시대는 우리가 '선사시대'라고 부르는 시대일지도 모릅니다. 거인을 찾아갔지만 그곳에 거인은 없을지도 모릅니다. 다시 거슬러 올라가더라도 아마 그 시기를 정확히 집어 찾아가기는 어려울 것입니다. 왜냐하면, 역사를 이루는 사건들로 넘어가게 되는 정확한 시기를 말한다는 것은 결코 쉽지 않은 일이기 때문입니다. 그것은 '한순간'에 일어난 일이 아니라 오랜 세월에 걸쳐 진행되며 눈에 잘 띄지도 않는 과정이었습니다.

이러한 과정들은 자연과학자들에 의해 대략적인 정도는 하나씩 알려지기 시작했습니다. 자연과학자들은 많은 물질들, 예를 들면 나무들이나 동물들, 바위들, 그리고 자연 현상들과 같이 우리를 둘러싼 모든 것들이 비록 속도는 느리지만 일정한 규칙을 가지고 변화한다는 사실을 발견했습니다. 그리고 그것들을 토대로 우리가 기록으로 볼 수 있는 역사들보다 더 오래된 일들을 상상으로 그려볼 수 있게 되었습니다.

그리고 이제 우리는 지구 위에 존재하는 것들은 시간이 흐름에 따라 진화와 멸종이라는 변화를 겪는다는 것도 알게 되었습니다. 어떤 변화는 우리가 눈치채지 못할 정도로 서서히 일어나지만 어떤 변화는 눈 깜짝할 사이에 일어나기도 합니다. 이제 우리는 이러한 변화들을 찾는 여행을 떠날 것입니다.

1부
그리스 문명의 태동

📙 교과 연계

초등 4 | 수평 잡기
초등 4 | 지층을 찾아서
초등 5 | 태양의 가족
초등 5 | 물체의 속력
초등 6 | 우리 몸의 생김새
중등 1 | 힘

- 01 첫 번째 수업
- 02 두 번째 수업
- 03 세 번째 수업
- 04 네 번째 수업
- 05 다섯 번째 수업
- 06 여섯 번째 수업
- 07 일곱 번째 수업

미노스 문명

카테고리

과학 블로그 1부
- 첫 번째 수업
- 두 번째 수업
- 세 번째 수업
- 네 번째 수업
- 다섯 번째 수업
- 여섯 번째 수업
- 일곱 번째 수업

　근대 유럽의 과학을 이끈 그리스 문명은 기원전 2500년경에 크레타라는 섬에서 출발했습니다. 이 섬에서 번영한 문명이 바로 그리스 신화에 자주 등장하는 '미노스(크레타, 미노아) 문명'입니다.

미노스 문명이라는 이름은 크레타의 왕 미노스의 이름에서 따왔습니다. 그리고 그리스 신화에서 아테네 사람들에게 끔찍한 공포를 주었던 미노타우로스(사람의 몸에 소의 머리를 가진 괴물)를 가두어 놓은 라비린토스라는 미궁도 사실은 크레타 섬에 있었다고 합니다.

미노스 문명은 기원전 2200년경부터 1450년경 사이에 최고의 번영을 누렸습니다. 이 시기에 사람들은 도로마다 자갈을 깔아 연결한 커다란 도시를 만들었고, 각 도시마다 궁전을 하나씩 두었습니다. 그 궁전 안에는 놀랄 만큼 뛰어난 수로 시설이 있었고, 궁전의 벽은 아름다운 벽화로 가득했습니다. 그리고

만만한 과학용어 〔검색〕

그리스에서 발견된 라비린토스 부조

라비린토스

그리스 신화에 나오는 미궁으로 미노스 왕이 제우스 신의 저주를 받아 사람의 몸에 소의 머리를 가진 괴물로 태어난 그의 아들 미노타우로스를 가두기 위해 만들었습니다. 이 미궁은 한 번 들어가면 빠져나오기 어렵다고 하며, 여기에서 탈출한 인물은 아테네의 왕자 테세우스와 라비린토스를 만든 다이달로스, 그리고 그의 아들 이카로스가 유일하다고 합니다.

크노소스 궁전의 유적

만만한 과학용어 검색

잘 닦인 미노스의 도로

미노스의 도로와 수로

미노스의 도로와 수로를 만드는 기술은 그리스를 거쳐 로마로 전해졌습니다. 로마는 바닥에 흙과 모래를 깔고 그 위에 돌판을 얹어 도로를 만들었고, 그 양옆으로 수로를 만들어 물이 흐르도록 했습니다.

궁전의 주인들은 솜씨 좋은 장인들을 불러다 금·은 장식품을 만들어 치장했습니다.

미노스 왕국에서 가장 큰 도시인 크노소스에는 그에 걸맞은 화려한 궁전이 세워졌습니다. 크노소스 궁전 안에는 왕족들의 집뿐만 아니라 종교의식을 치르는 신전, 왕족의 생활용품을 만드는 기술자들의 작업장과 왕족을 가르치는 학교가 있었습니다.

크노소스 궁전의 기술자들은 벽화도 그렸는데, 이들은 궁전의 내부 벽에 지금의 석고와 비슷한 것

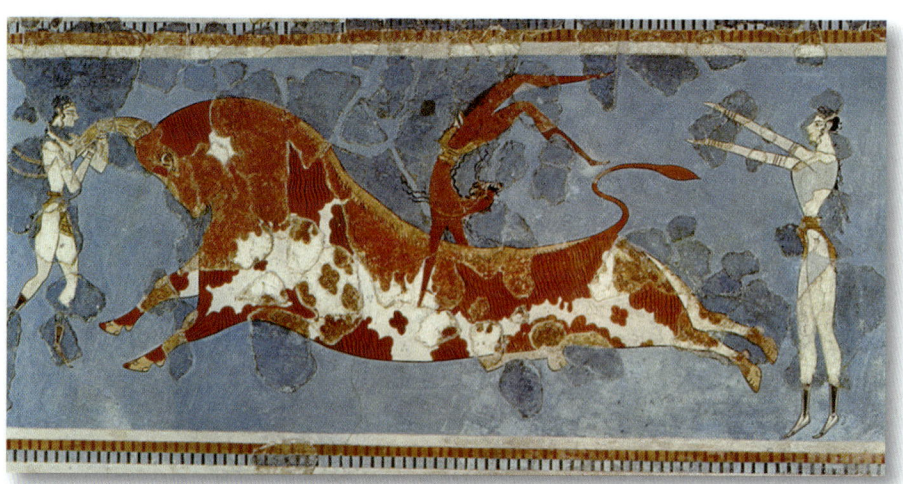

미노스 왕궁에서 발견된, 소를 뛰어넘는 모습을 그린 벽화

을 바른 다음 그것이 마르기 전에 화려한 그림을 그려 넣었습니다. 그리고 이렇게 완성된 벽화는 딱딱하게 굳어서 지금까지 잘 보존되고 있습니다. 이때 그린 벽화 중에 사람이 황소를 뛰어넘는 그림이 있는데, 당시에는 황소가 신성한 존재였기 때문에 황소의 뿔을 뛰어넘는다는 것은 그만큼 힘이 막강하다는 것을 뜻했다고 합니다.

찬란하게 빛나던 미노스 문명은 기원전 1450년경에 갑자기 이 세상에서 사라져 버렸습니다. 현대의 지질학자들과 과학자들은 크레타 섬 북쪽에 있는 산토리니 섬의 화산이 폭발해 엄청난 쓰나미와 화산재가 뒤덮어 급격히 힘이 약해졌고, 엎친 데 덮친 격으로 본토의 미케네 사람들이 쳐들어왔기 때문이라고 합니다.

산토리니는 기원전 1610년까지 하나의 섬이었는데 갑자기 거대한 규모의 화산이 폭발했습니다. 그로 인해 생긴 분화구의 지름은 약 10킬로미터 정도로 인근의 키카이 분화구보다 작지만, 그리스 문명을 이끌었다는 점에서 유럽 문명에 미친 영향은 엄청난 것이었습니다.

만만한 과학용어 검색

산토리니의 화산

기원전 1400년 전후에 융성했던 미노스 문명은 어느 날 갑자기 몰아닥친 거대한 지진과 화산 폭발로 인해 엄청난 상처를 받았습니다. 산토리니 섬은 지각 변동에 의한 화산 폭발로 섬의 일부가 바다에 가라앉아 버렸고, 현재는 화산 봉우리만 솟아올라 있습니다.

크로노스 궁전의 유적

미노스의 미로, 라비린토스

미노타우로스와 테세우스를 그린 그리스의 도기

미노스는 왕이 되기 전에 바다의 신 포세이돈과 한 가지 약속을 했습니다. 자신이 신들의 보호를 받고 있다는 증거를 사람들에게 보여 주기 위해 바다에서 황소 한 마리를 보내 주면, 그것을 잡아서 다시 제물로 바치겠다는 약속이었습니다. 포세이돈은 미노스의 소원을 들어주었고, 바다에서 황소가 나오는 것을 본 사람들은 모두 놀라 미노스를 왕으로 모셨습니다.

그러나 막상 왕이 된 미노스는 그 황소를 제물로 바치는 게 아까워서 다른 소를 대신 제물로 바쳤습니다. 이 사실을 안 포세이돈은 화가 나서 미노스의 왕비 파시파에가 황소와 사랑에 빠지게 했습니다.

그 결과 인간의 몸에 소의 머리를 가진 미노타우로스가 태어났고, 미노스 왕은 미노타우로스를 가두기 위해 절대로 빠져나올 수 없는 미로를 만들게 했습니다. 이것이 바로 크노소스 궁전 안에 있었다는 라비린토스입니다.

후세의 사람들은 크노소스 궁전이 미로처럼 복잡해서 그러한 전설이 만들어졌을 것이라고도 합니다.

이카로스의 날개

아테네의 왕자 테세우스는 아테네가 미노스와의 전쟁에서 패해 사람들이 미노타우로스의 먹이로 잡혀가는 모습을 보고 일부러 포로가 되어 크레타로 갔습니다. 그는 그곳에서 미노스 왕의 딸 아리아드네 공주의 도움으로 미노타우로스를 죽이고 무사히 탈출합니다. 이때 공주에게 탈출 방법을 알려 준 사람이 바로 라비린토스를 만든 다이달로스였습니다.

미노스 왕은 그의 배신에 분노해 그의 아들 이카로스와 함께 미로 속에 가뒀습니다. 다이달로스는 그곳에 날아온 새들이 떨어뜨린 깃털을 모아 밀랍으로 붙여서 날개를 만들었습니다. 그러고는 날개를 달고 아들과 함께 하늘로 날아올라 무사히 미로를 빠져나왔습니다.

▲ 추락하는 이카로스

그런데 이카로스는 태양에 너무 가까이 가는 바람에 밀랍이 녹아 그만 바다로 떨어져 죽고 맙니다. 그의 시체가 떠내려온 섬은 나중에 그의 이름을 따서 이카리아라고 부르게 되었다고 합니다.

훗날 그리스 사람들은 누가 만들었는지는 모르지만, 뛰어난 작품에 대해서는 다이달로스가 만든 작품이라고 생각했습니다.

이카로스의 죽음을 슬퍼하는 바다의 요정들

미케네 문명

카테고리

과학 블로그 1부
- 첫 번째 수업
- **두 번째 수업**
- 세 번째 수업
- 네 번째 수업
- 다섯 번째 수업
- 여섯 번째 수업
- 일곱 번째 수업

　그리스 본토 최초의 문명이라 할 수 있는 미케네 문명은 기원전 2000년 경에 그리스 남부의 펠로폰네소스 반도에 있던 미케네라는 도시에서 시작 되었습니다.

　당시 사람들은 원래 고대 그리스어를 사용했으며, 산 중턱에 마을을 이

미케네 문명의 유적지

미케네 아크로폴리스의 배치도
1. 사자의 문 2. 원형 무덤 3. 웨이스의 유적 4. 귀족의 집
5. 경사로 6. 아크로폴리스 입구 7. 아고라 8. 본관건물
9. 장인의 작업장 10. 식수 저장고 11. 북문

루고 살았습니다. 초기에는 그다지 눈에 띄는 기술이 없었지만, 차츰 미노스의 기술을 받아들이면서 미노스만큼 뛰어난 기술을 갖게 되었습니다.

이들은 외부의 침입을 막기 위해 요새를 만들었는데, 그 안에 무엇보다 먼저 왕족과 귀족들의 무덤을 만들었습니다. 무덤의 모양은 돌을 깎아 만든 벽돌을 둥근 원뿔 모양으로 쌓아 올려 벌집과 비슷했습니다.

만만한 과학용어 검색

미케네 구덩식 무덤의 구조

미케네 구덩식 무덤

그리스 왕족과 유력 가문의 무덤으로 금과 은으로 찬란하게 장식되어 있습니다. 이곳에서 발견된 전차 조각품은 그리스 본토에서 전차가 나타났음을 보여 주는 최초의 유물입니다.

미케네의 무덤 유적지

미케네의 무덤 내부

만만한 과학용어

미케네의 무덤에서 발견된 전차 조각품

미케네의 전차
미케네에 바퀴가 존재했다는 증거인 이 유물은 미케네 문명이 메소포타미아 문명에서 유래했음을 보여 주고 있습니다. 메소포타미아의 바퀴가 점차 발전해 보다 가벼워진 바퀴로, 이전의 통나무 바퀴에서 한발 더 나아간 것입니다.

이 무덤들 중 규모가 큰 것은 너비 14미터에 높이가 13미터나 되는 것도 있었습니다. 이처럼 거대한 규모로 볼 때, 당시 미케네는 왕족과 귀족들을 중심으로 부가 집중되어 있었음을 알 수 있습니다.

미케네의 부유층은 이집트 등지에서 수입한 금을 매우 좋아해서 금으로 술잔과 가면, 검 등 여러 가지 장식품을 만들었습니다. 오른쪽 사진의 황금 가면은 독일의 고고학자인 슐리만이 한 무덤에서 발굴한 것입니다. 그는 그것이 트로이 전쟁에서 활약한 아가멤논 왕의 가면이라고 생각했지만, 현대 학자들은 그보다 300년 이상 더 오래된 것임을 밝혀냈습니다.

황금 술잔도 미케네에서 발견된 것인데, 당시 예술 작품에 자주 사용하던 소재인 황소를 사냥하는 모습이 새겨져 있습니다.

미케네의 황금 가면

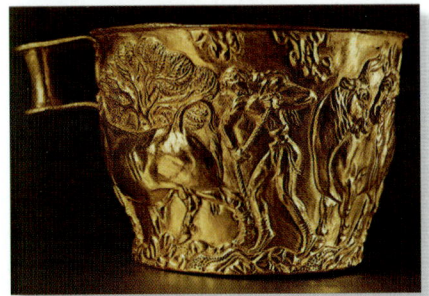
미케네의 황금 술잔

who are you? 검색

슐리만

슐리만

독일의 고고학자이자 사업가로, 트로이 유적지를 발굴하기 위해 오랜 세월 노력했습니다. 결국, 그의 발굴로 트로이 전쟁은 역사적 사실로 받아들여졌습니다. 또한, 그 과정에서 미케네 유적을 발굴하여 에게 해 인근의 문명에 대한 연구에 크게 공헌했습니다.

아가멤논

이 이름을 가진 사람이 실제로 존재했는지는 정확히 알 수 없습니다. 아가멤논이 처음 등장한 호메로스의 《일리아드》와 그 밖의 일화나 전설은 고대 그리스 문학에서 자주 이야기된 소재 가운데 하나입니다.
호메로스의 《일리아드》를 보면 아가멤논은 아트레우스의 아들로 트로이 전쟁의 원인이었던 헬레네의 남편인 메넬라오스의 형이라고 합니다. 그는 미케네와 아르고스, 코린토스와 같은 펠로폰네소스 반도의 여러 도시를 지배하는 왕이었습니다. 트로이 전쟁에서는 그리스 동맹군의 총지휘관이었으며, 100척의 전함이 그의 지휘 아래 있었다고 합니다.
헬레니즘 시대에 스파르타 사람들은 그에게 제우스 아가멤논이라는 칭호를 붙이고 숭배했습니다.

who are you? 검색

호메로스

고대 그리스의 눈먼 유랑 시인으로 알려져 있습니다. 지금까지 남아 있는 고대 그리스어로 쓰인 가장 오래된 서사시인 《일리아드》와 《오디세이》의 작가이며, 영어 이름인 호머로도 잘 알려져 있습니다.

이러한 미케네의 생활 모습을 보고 그리스의 서사 시인인 호메로스는 '길이 넓고 금빛 찬란한 도시'라고 말하기도 했습니다. 그러나 미케네는 기원전 1200년경에 이민족의 침입으로 멸망하여 그곳에 살던 많은 사람은 다른 나라로 피신해야만 했습니다.

윌리엄 부그로가 그린 호메로스

신화를 증명한 슐리만

　19세기까지만 해도 대부분의 사람들은 기원전 1250년경에 일어났다는 트로이 전쟁은 물론이고, 전쟁의 무대였던 트로이라는 도시 자체도 실제로 존재하지 않는다고 생각했습니다.

　하지만 이러한 생각은 트로이 전쟁의 유적을 발굴하는 것을 평생의 꿈으로 삼아 그것을 이루는 데 한평생을 보낸 한 사람에 의해 깨졌습니다. 그 사람은 1822년에 독일 메클렌부르크의 작은 마을에서 가난한 목사의 아들로 태어난 슐리만이었습니다. 그는 아버지에게 들은 호메로스의 《일리아드》가 신화가 아니라 진실이라고 믿었습니다.

　슐리만은 트로이 유적을 발굴하려면 돈이 필요하다는 걸 깨닫고 무역을 해서 큰돈을 모았습니다. 또한, 유럽과 소아시아 일대의 언어를 10여 개나 배우는가 하면, 혼자서 고대 역사도 공부했습니다.

　준비를 마친 그는 지금의 터키 땅인 아나톨리아의 히사를리크 언덕을 대대적으로 발굴하여 트로이가 실제로 존재했다는 것을 증명함으로써 전 세계를 놀라게 했습니다.

　더욱 놀라운 사실은 그가 발견한 유적 아래에 무려 5,000여 년 전 청동기시대부터 살아온 사람들의 흔적들이 9겹이나 쌓여 있었다는 것입니다. 이 유적은 1998년에 세계문화유산으로 지정되었습니다.

트로이 유적을 발굴하는 슐리만

슐리만에 의해 발견된 미케네의 도기

금 가공의 기원

　금이 언제부터 사용되었는지는 정확히 알려지지 않고 있습니다. 다만, 금의 역사를 알 수 있는 가장 오래된 유물은 기원전 3000년경의 메소포타미아 유적지에서 발견된 것이라고 합니다. 이 유적지에서 금으로 된 장신구와 컵 등이 발견되었는데, 금의 가공 수준은 아직 초보 단계에 지나지 않았습니다.

메소포타미아 유적지에서 발견된 금장식과 컵

　금 하면 빼놓을 수 없는 것이 바로 금으로 된 화폐인데, 초기에 금은 그다지 많이 생산되지 않는 귀한 것이었기 때문에 상업적인 거래에서만 주로 사용되었습니다. 지금까지 남아 있는 기록이나 유물 중 최초의 금화는 기원전 7세기경에 소아시아 지방의 리디아 왕국에서 사용된 것입니다.

로마 제국의 금화

　이후 고대 그리스와 로마는 금으로 만든 화폐를 광범위하게 사용했습니다. 그러나 로마 제국이 무너지면서 금화가 잠시 자취를 감추었다가 중세에 들어와서 다시 나타나게 됩니다. 이탈리아를 중심으로 13~14세기를 지나면서 유통되기 시작한 금화 중에서는 플로린이라는 금화가 가장 유명했습니다.

  금의 가치를 안 것은 이집트나 그리스도 마찬가지였습니다. 당시 이집트 사람들은 파라오를 신처럼 여겼기 때문에 그들이 영원히 산다고 믿고 파라오의 무덤에 생활에 필요한 물건들을 넣었습니다. 이러한 부장품 중 많은 것들이 순금으로 제작되거나 금으로 덧칠된 나무였습니다.

  그리스에서는 이집트만큼 금의 가공이 활발하지는 않았지만 귀족들을 중심으로 금을 많이 수집했습니다. 특히 미노스와 미케네 등 초기 그리스의 왕족이나 귀족의 무덤에서 금으로 만들어진 부장품들이 발굴되었습니다.

이집트의 무덤에서 발견된 금제 동상

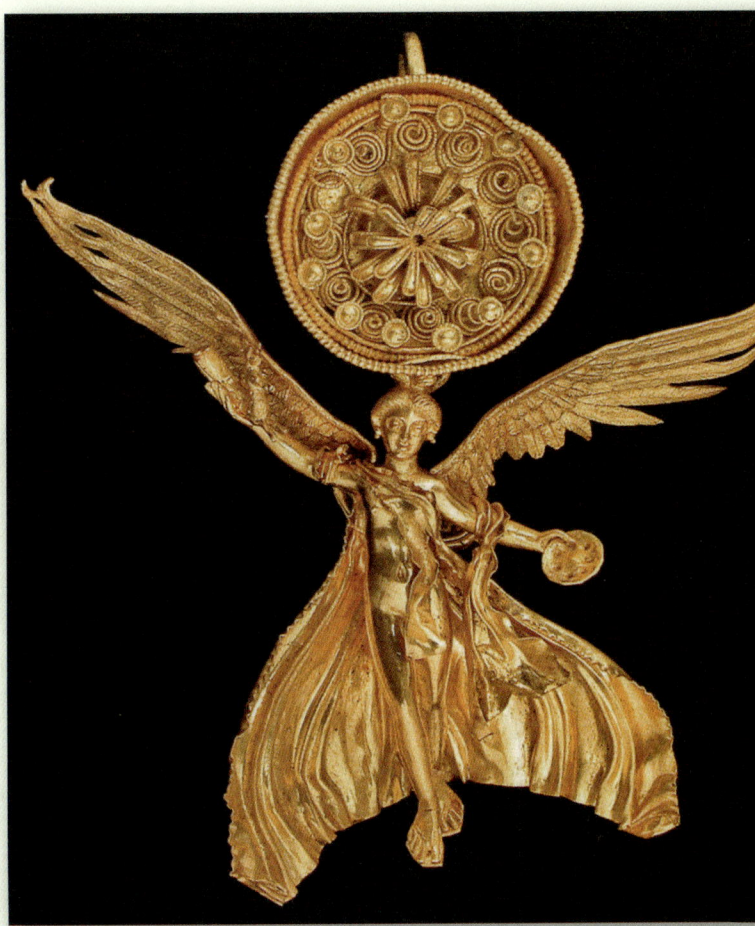
초기 그리스 유적에서 발견된, 금으로 만들어진 승리의 여신 니케 장식품

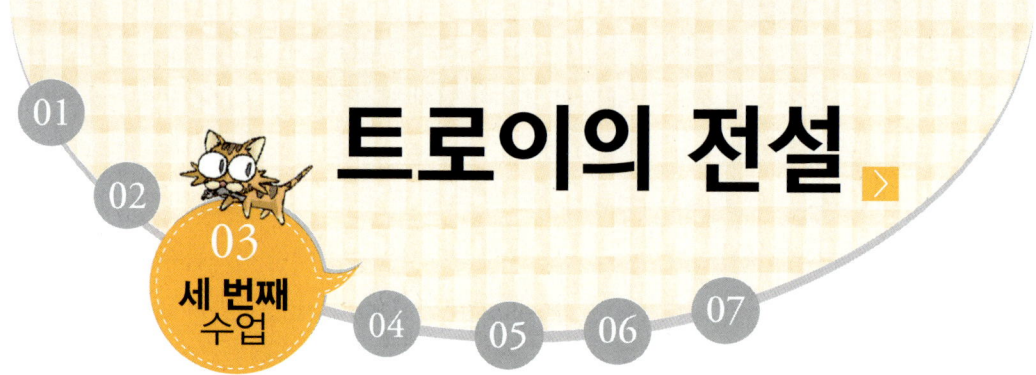

트로이의 전설

'일리움'이라고도 불리는 트로이는 지중해의 동쪽 끝 소아시아 지역에 있던 고대 도시입니다. 그리고 초기 그리스 신화의 발생지로 알려진 도시이기도 합니다.

슐리만이 발견한 트로이 유적

수많은 전설과 신화를 간직한 트로이는 유랑하는 눈먼 시인으로 알려진 호메로스의 서사시 《일리아드》와 《오디세이》에도 기록되어 있고, 호메로스보다 한참 후대의 로마 시인인 버질의 《아이네이스》에도 쓰여 있습니다.

트로이를 처음 세운 사람은 일루스라고 하는데 그의 이름을 따서 일리움이라고 불렀으며, 트로이라는 이름은 일루스의 아버지인 트로스에서 따온 것입니다.

호메로스와 버질의 서사시에 기록된 트로이와 그리스 사이의 전쟁 이야기는 다음과 같습니다.

who are you? 검색

버질(가운데)을 담은 로마의 모자이크

버질

로마의 시성이라 불릴 만큼 뛰어난 시인으로, 단테가 저승의 안내자로 그를 선정할 만큼 위대한 시인이었습니다. 로마의 서사 《아이네이스》를 지었으며, 우리나라에서는 베르길리우스보다 영어 이름인 버질로 잘 알려져 있습니다.

트로이 전쟁의 발단이 된 펠레우스와 테티스의 결혼식

만만한 과학용어 _{검색}

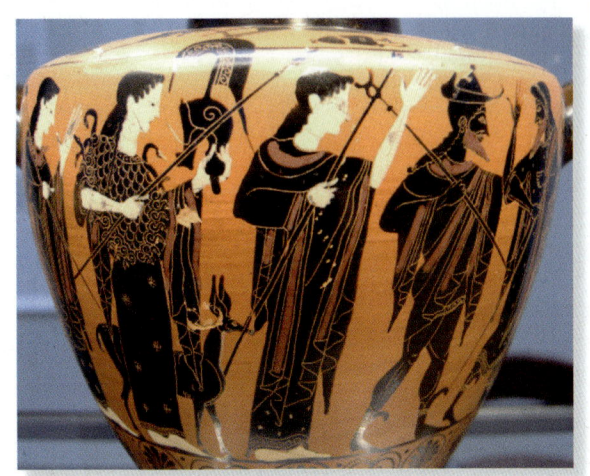

그리스 도기에 그려진 파리스의 심판

트로이 전쟁의 기원

그리스 신화에서 헤라·아테나·아프로디테의 세 여신이 아름다움을 겨루었을 때 트로이 왕의 아들인 파리스는 아프로디테가 가장 아름답다고 판정했습니다. 아프로디테는 그에 대한 보답으로 메넬라오스의 아름다운 부인인 헬레네가 그와 사랑에 빠지게 했는데, 이것이 원인이 되어 트로이 전쟁이 일어났습니다.

당시 트로이는 프리아모스라는 왕이 다스리고 있었습니다. 그러던 어느 날 올림포스 산에서 신들의 결혼식이 열렸는데 예상치 못한 불청객이 찾아왔습니다. 바로 싸움의 여신 에리스였습니다. 결혼식에 초대받지 못한 에리스는 황금 사과 하나를 던져주며 가장 아름다운 신에게 선물한다고 했습니다. 그러자 여신들은 자기가 가장 아름답다고 주장했습니다.

결국, 이 판단은 프리아모스의 아들인 파리스에게 맡기기로 했습니다. 그가 최종 후보인 헤라, 아테나, 아프로디테 중에서 최고의 미인을 뽑는 심판관이 된 것입니다.

파리스는 아프로디테를 가장 아름다운 여신으로 뽑았습니다. 아프로디테가 자신을 뽑아 주면 파리스에게 이 세상에서 가장 아름다운 여인을 신부로 주겠다고 약속했기 때문이었습니다.

약속대로 아프로디테는 스파르타의 왕 메넬라오스의 아내이자 이 세상 최고의 미인인 헬레네가 파리스를 사랑하게 만들었습니다. 그리고 사랑에 빠진 둘은 결국 파리스의 고향인 트로이로 도망쳤습니다.

이 사실을 안 그리스 사람들은 전쟁을 선포하고 바다를 건너 트로이로 진격했습니다. 그리스의 모든 도시국가의 왕들, 즉 메넬라오스를 포함해

아가멤논, 아킬레우스, 오디세우스 등 수많은 영웅이 전쟁에 참가하기 위해 그리스의 진영에 모여들었습니다.

하지만 트로이를 포위한 지 10년이 넘도록 전쟁은 끝나지 않았습니다. 그러던 중 오디세우스가 거대한 목마를 이용한 작전을 생각해 냈습니다. 그는 목마 안에 병사를 숨긴 뒤 목마를 버리고 후퇴하는 척 속이고는 적들이 목마를 성 안으로 가져가도록 일을 꾸몄습니다. 이것이 그 유명한 '트로이 목마'입니다.

트로이의 제사장인 라오콘이 적의 계략임을 눈치챘지만, 바다의 신 포세이돈이 바다뱀을 보내 라오콘을 죽였습니다. 결국, 목마는 숨어 있는 병사와 함께 무사히 성 안으로

들어갔습니다.

　그날 밤 트로이의 병사들은 승리에 도취되어 술과 음식을 먹으며 축제를 벌이다가 모두 곯아떨어졌습니다. 그리스의 병사들은 이때를 틈타 재빨리 목마에서 나와 트로이군을 물리치고 전쟁을 승리로 마무리 지었습니다.

　아프로디테의 아들인 아이네이아스와 소수의 병사들만이 겨우 살아남아 트로이를 탈출했는데, 이들이 로마를 건국한 전설상의 로물루스와 레무스의 조상입니다.

　그리고 사라져 버린 트로이 유적은 훗날 슐리만에 의해 발견되었습니다.

기원전 1200년경

기원전 1800~1300년경

기원전 2000년경 전후

기원전 3000~2500년경

기원전 3500~3000년경

현대

로마 제국 시대
(서기 500년경)

기원전 700년경

슐리만이 발견한 트로이 유적

슐리만은 어릴 때 들었던 트로이의 신화가 실제로 존재했다고 믿고 이를 찾기 위해 전 재산을 들여 유적 발굴에 나섰습니다. 그가 처음 발견한 유적지에서 여러 건축물과 황금 가면이 나왔는데 그는 이것이 트로이 유적이라고 생각했습니다. 그리고 황금 가면은 트로이 전쟁에서 연합군 총사령관이었던 아가멤논의 가면이라고 이름을 붙이기도 했습니다. 하지만 훗날 이것은 미케네의 유적으로 밝혀졌습니다. 그리고 트로이 유적은 미케네의 유적보다 더 아래인 5번째 층에서 발견되었습니다. 그 유적지에는 청동기 문명부터 모두 9개의 문명이 층층이 쌓여 있었던 것입니다.

고대 그리스의 무기들

고대 그리스군은 적의 요새나 성을 빼앗기 위해 특별한 무기들을 만들었습니다. 그림 ①은 높은 성벽을 타고 오를 수 있도록 만든 것으로 왼쪽의 입구에서 계단처럼 오르도록 되어 있습니다. 그림 ②는 적의 성벽과 같은 높이에서 화살을 쏘거나 성벽을 건널 때 필요한 일종의 엘리베이터와 같은 역할을 했습니다.

그림 ③은 화살을 손쉽게 장착할 수 있는 장치로 활시위를 손으로 당기는 것보다 더 길게 당겨져 화살이 멀리까지 날아가도록 도와줍니다.

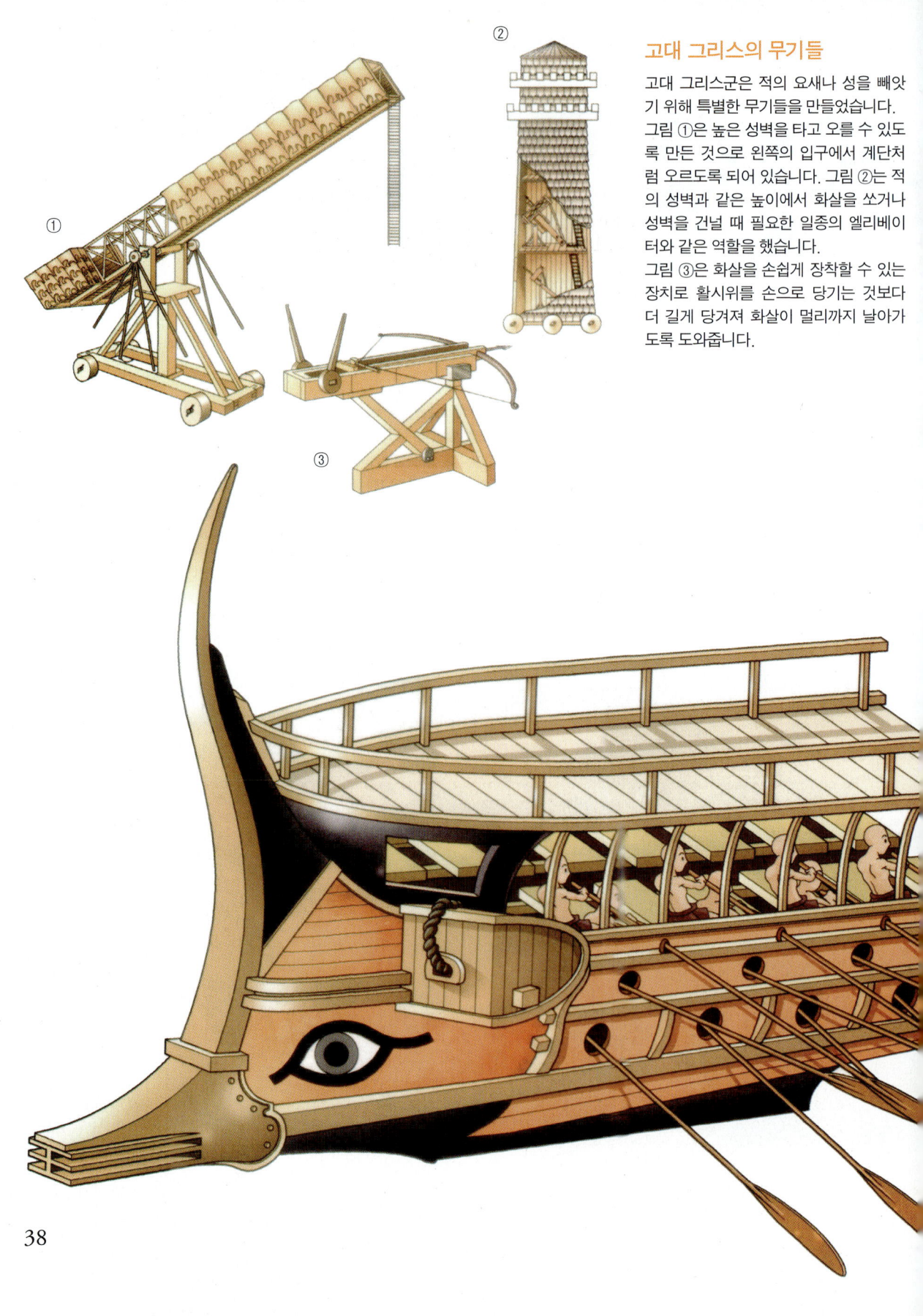

고대 그리스 함선의 내부 구조

갑판 아래에 군사들이 노를 저을 수 있는 공간이 3층으로 만들어져 있습니다.

전쟁과 과학

청동기시대의 무기인 청동검

고대부터 현대에 이르기까지 전쟁의 역사는 과학의 발전과 밀접한 관련을 가지고 있습니다. 최초의 도구도 사냥이나 다른 부족을 정복하기 위해 만들기 시작했고, 청동기와 철기를 만들 수 있는 민족이 전쟁을 통해 지배자가 되었습니다.

이처럼 과학의 발달이 전쟁 무기의 진화에 이바지하면서 인류는 새롭게 도약하게 됩니다. 전쟁 무기 중 가장 획기적인 것으로 꼽을 수 있는 것 중 하나가 바로 고대 로마의 전차일 것입니다. 2~4마리의 말이 끄는 전차는 엄청난 속력으로 이동할 수 있었고, 전차의 발달은 훗날 교통의 발달과 도시의 성장으로 이어졌습니다.

영화 〈벤허〉에서 전투용 전차를 이용한 경주 장면

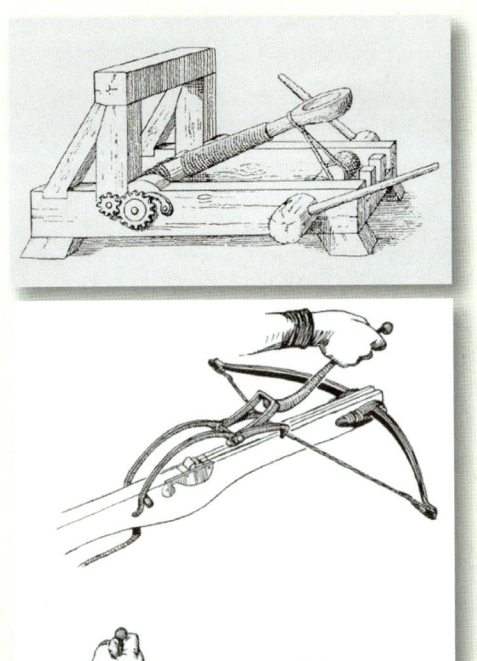

중세에 개발된 투석기(위)와 석궁(아래)

전차는 고대 이집트의 운명을 바꿔 놓기도 했습니다. 전차를 이끌고 메소포타미아에서 이집트로 내려온 힉소스인들은 기원전 1650년을 즈음해 당시 강한 나라였던 이집트를 물리치고 식민지로 만들어 버렸습니다. 이집트로서는 월등한 과학 기술을 가진 그들을 이길 수 없었습니다.

과학과 전쟁 무기의 결합은 로마를 거쳐 중세에도 그대로 나타났습니다. 당시의 성들은 견고해서 좀 더 먼 거리에서 공격해야 했으므로 사람들은 보다 멀리 날아가고 보다 치명적인 화살을 만들고 싶어했습니다. 이러한 요구에 발맞춰 점차 힘에 대한 물리적인 연구가 이루어졌고, 성을 부수기 위한 여러 가지 기계장치들이 개발되면서 과학은 급속하게 발전했습니다.

화약이 세상에 나타나면서 물리학과 화학도 같이 발전하게 되었습니다. 화약은 이전의 어떤 무기보다도 치명적이었습니다. 이것을 이용한 총과 대포 등은 이전의 전쟁 기술을 모두 바꾸어 놓았다고 해도 지나친 말이 아닐 것입니다.

그러나 누가 뭐래도 과학 역사상 가장 큰 성과이자 실수는 핵무기일 것입니다. 사실 핵은 전기를 생산하거나 의학에서 치료용으로 사용하는 등 우리 생활에서 다양하게 이용되고 있습니다.

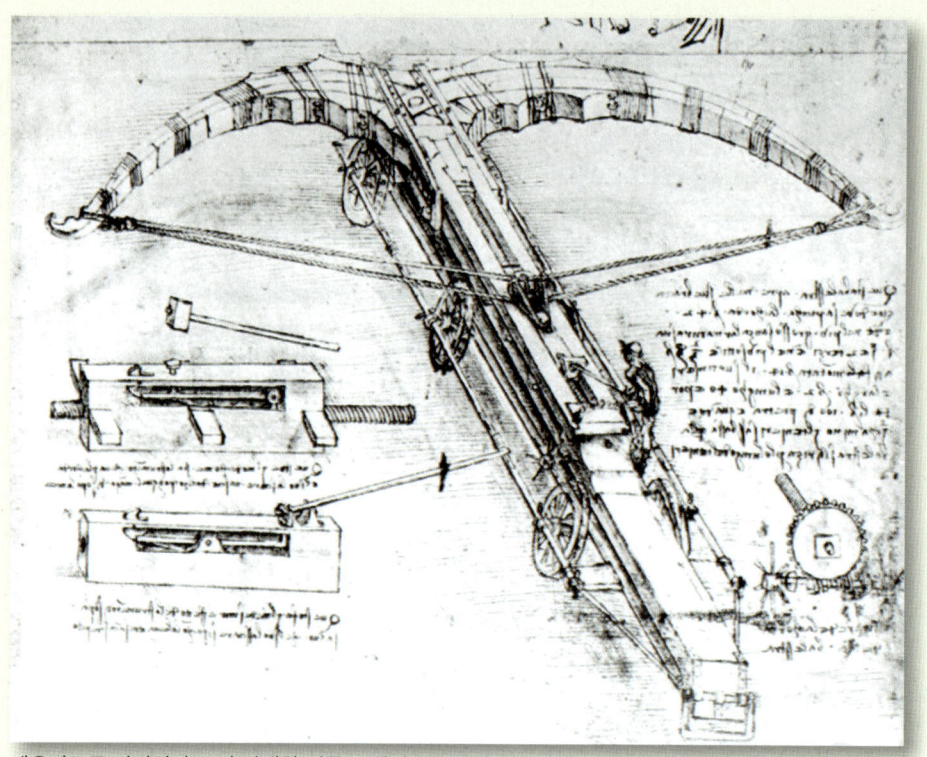

레오나르도 다빈치가 그린 거대한 석궁 스케치

핵폭발이 만든 거대한 버섯구름

그러나 핵을 이용한 무기가 처음으로 세상에 그 힘을 드러냈을 때 사람들은 공포에 휩싸였습니다. 1945년 8월 6일 오전 8시 15분, 일본의 히로시마 하늘에 미국의 B-29 폭격기가 떨어뜨린 한 발의 핵폭탄 때문에 약 12만 7,000명이 죽고 도시의 60%가 파괴됐기 때문입니다.

전쟁과 함께 발전하며 핵무기의 개발까지 가능하게 한 과학은 항상 사람들에게 이롭기만 한 것은 아니었습니다.

세상을 바꾼 사과

　신화나 역사를 살펴보면 중요한 발전이나 변화가 있을 때마다 사과가 자주 등장했습니다.
　《성경》을 보면 세상이 처음 만들어졌을 때 인간은 에덴동산에 살고 있었습니다. 그런데 어느 날 뱀이 이곳에 사는 최초의 여자인 이브에게 다가와 사과를 따 먹으라고 유혹했습니다. 이브가 이때 사과를 먹음으로써 인간은 그곳에서 쫓겨나게 됩니다. 또 그리스 신화에서는 싸움의 여신 에리스가 던진 황금 사과로 인해 결국 트로이와 그리스 간에 전쟁이 일어나게 됩니다.
　근대 과학의 아버지로 불리는 뉴턴이 중력을 발견하게 된 것도 나무에서 사과가 떨어지는 것을 보고서입니다. 이 발견으로 과학은 비약적인 발전을 이루게 되었고, 오늘날 우주를 탐사하고 인공위성을 쏘아 올리는 데도 이용되었습니다.

다시 태어난 트로이 목마

성 안으로 목마를 끌고 들어가는 트로이 사람들

컴퓨터 바이러스인 '트로이 목마'는 자료를 삭제하고 정보를 몰래 빼돌리는 등 사이버 테러를 목적으로 하는 악성 프로그램입니다. 그런데 트로이 목마라는 이름은 원래 호메로스의 《일리아드》에서 유래했습니다.

그리스의 연합 군대가 트로이와 10년 동안이나 전쟁을 벌였지만 트로이를 무너뜨리지 못하자, 그리스군은 거대한 목마를 버려두고 물러났습니다. 트로이 군대는 이 목마를 그리스가 신에게 바치는 선물로 생각하고 성 안으로 끌고 들어갔습니다. 그러나 목마 안에는 그리스 병사들이 숨어 있었고, 밤이 되자 몰래 빠져나와 곯아떨어진 트로이 군사들을 공격해 전쟁에서 승리했습니다.

즉 트로이 목마 바이러스는 상대방 몰래 숨어 들어온다는 뜻에서 붙여진 이름입니다. 이 바이러스는 해킹 기능을 가지고 있어서 인터넷을 통해 감염된 컴퓨터의 정보를 외부로 빼돌리는 것이 특징입니다. 그러나 일반 바이러스와 달리 다른 파일은 전염시키지 않으므로 해당 파일만 삭제하면 치료가 가능합니다.

인터넷에서 다운로드 파일을 통해 전파되는 트로이 목마에 감염되면 특히 조심해야 할 것이 사용자가 누른 자판의 정보를 외부에 알려주기 때문에 신용카드 번호나 비밀번호 등이 유출될 수 있다는 것입니다.

그 이름처럼, 유용한 프로그램으로 가장해서 사용자가 프로그램을 실행하도록 속여 나쁜 목적에 이용하므로 감염되지 않게 주의해야 합니다.

쉿! 상위 1%로 가는 비밀 수업 과학 블로그 내 블로그 | 바로가기 | Login

그리스의 암흑시대

01 02 03 **04 네 번째 수업** 05 06 07

카테고리

과학 블로그 1부
- 첫 번째 수업
- 두 번째 수업
- 세 번째 수업
- **네 번째 수업**
- 다섯 번째 수업
- 여섯 번째 수업
- 일곱 번째 수업

미케네 멸망 직후인 기원전 1200년경에 미케네 사람들은 대부분 도시를 빠져나갔습니다. 이후 500년이 넘게 그리스의 암흑시대가 시작되었습니다. 암흑시대라고 부르는 이유는 이 시기의 역사 기록이 전혀 남아 있지 않기 때문입니다.

그리스가 미노스와 미케네로 이어지던 영화를 되찾게 된 것은 도리아인들이 그리스로 들어와 정착하고 나서부터입니다. 사실 도리아인들은 미케네 사람들이 이룩한 화려한 문명에 대해 전혀 몰랐습니다. 이들은 따로 문자를 가지고 있지도 않았으며, 언어도 그리스와 달랐습니다.

단지 이들은 미케네 시대의 이야기를 입에서 입으로 전해 들었을 뿐이었습니다. 나중에 문자가 들어온 다음에서야 그동안 전해들은 모험담들을 문자로 기록하기 시작했습니다.

이 시기의 기록 중 가장 유명한

who are you? 검색

도리아인
고대 그리스를 지배하던 종족입니다. 기원전 12세기 무렵에 그리스로 내려와 미케네 문화를 파괴하고 스파르타, 코린트 등의 폴리스(고대 그리스의 도시국가)를 건설했습니다.

것이 호메로스의 서사시 《일리아드》와 《오디세이》입니다. 《일리아드》는 그리스의 도시국가들과 트로이 간의 전쟁에 관한 이야기이고, 《오디세이》는 전쟁에 참여했던 오디세우스가 집으로 돌아가는 길에 겪은 모험을 다룬 이야기입니다.

호메로스는 눈먼 유랑 시인이었

오디세우스

호메로스의 《일리아드》에 나오는 주인공으로 그리스 신화에 나오는 영웅입니다. 이타카의 왕인 그는 트로이 전쟁에서 목마 안에 군사를 숨기는 계략을 생각해내어 그리스군을 승리로 이끌었습니다. 《오디세이》는 그가 고향으로 돌아가는 길에 겪는 모험을 그리고 있습니다.

지만 기원전 800년경부터 역사적인 사건들을 모아 《일리아드》와 《오디세이》를 완성했습니다. 그는 이외에도 미케네의 전설을 정리하여 군중들 앞에서 시와 노래 형태로 들려주

만만한 과학용어 〈검색〉

아테네
기원전 8세기 무렵 아티카에 세워진 고대 그리스의 대표적인 도시국가입니다. 페르시아 전쟁에서 승리한 후 크게 번영하였으나, 펠로폰네소스 전쟁에서 패하여 점점 힘이 약해지다가 기원전 339년에 마케도니아에 의해 멸망했습니다. 지금은 그리스의 수도이자, 고대 그리스 유적이 남아 있는 관광 도시입니다.

었다고 합니다.

암흑시대에는 호메로스의 서사시 외에는 인간의 위대한 자취들이 사라지는 듯했습니다. 도시들은 이미 대부분 붕괴되었고, 사람들은 살아남기 위해 각 지역의 장군들 밑에 들어가 군인이 되거나 일을 했습니다. 그러다가 기원전 600년경에 이르러서야 도시가 되살아나기 시작했습니다. 그리고 100년 정도가 더 지나면서 이전의 암흑시대는 끝이 나고 아테네를 중심으로 몇몇 도시에서 개혁가들이 나타나기 시작했습니다. 이들은 조직을 운영할 정부를 다시 구성했고 법률과 무역도 다시 일으켰습니다.

바야흐로 그리스를 황금기로 이끌 고전 시대가 시작된 것입니다.

그리스의 군인들이 새겨진 부조

고대 그리스의 건축

그리스인들은 지금의 그리스 땅인 발칸 반도와 소아시아 서쪽에 문명을 건설했습니다. 이 지역은 날씨가 온화하고 목재와 석재가 풍부해 좋은 건축 재료를 쉽게 구할 수 있어서 서양 건축의 고전이라 할 수 있는 그리스 건축이 발전할 수 있었습니다.

그리스 건축은 신에게 제사를 지내는 신전이나 신을 기념하는 건축물이 주를 이루었으며, 신전은 일반적인 집과 구분하기 위해 엄청난 규모로 지었습니다.

이들이 거대한 신전을 짓게 된 것은 이집트의 아부심벨 신전 같은 거대한 규모의 신전들을 보고 나서부터입니다. 기원전 650년경부터 그리스 사람들은 이집트

이집트 양식에서 벗어나 벽을 없애고 기둥만으로 축조된 그리스 신전

와 무역이나 학문 등의 교류를 통해 돌로 만든 건축물을 보게 되었는데, 그것이 그리스의 건축과 조각이 발전하는 데 많은 영향을 주었습니다. 그리스는 미케네 시대부터 주로 나무 기둥과 벽돌을 사용하여 건물을 지었습니다. 그러다가 이집트의 영향으로 대리석을 사용하게 되면서 비례와 문양에 더욱 신경을 쓸 수 있게 되었습니다. 이집트는 돌기둥이 쓰러질까 봐 옆에 벽을 연결해 안정감을 주었지만, 그리스로 넘어오면서 건축 기술이 발달해 돌기둥만으로도 충분히 안정적이었습니다. 이후 이러한 돌기둥은 신전 건축의 기본으로 자리 잡았습니다.

장중하면서도 단정하고 남성적인 도리아식 기둥, 경쾌하면서도 우아하고 여성적인 이오니아식 기둥, 화려하며 수많은 장식을 보여 주는 코린트식 기둥은 오랫동안 그리스 신전 기둥의 기본이 되었습니다. 그리고 이러한 양식은 현대 건축에서도 많이 이용되고 있습니다.

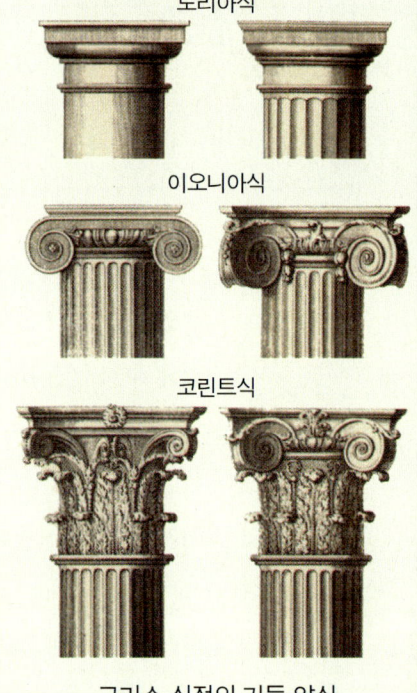

도리아식

이오니아식

코린트식

그리스 신전의 기둥 양식

코린트식으로 만들어진 고대 그리스의 신전 기둥

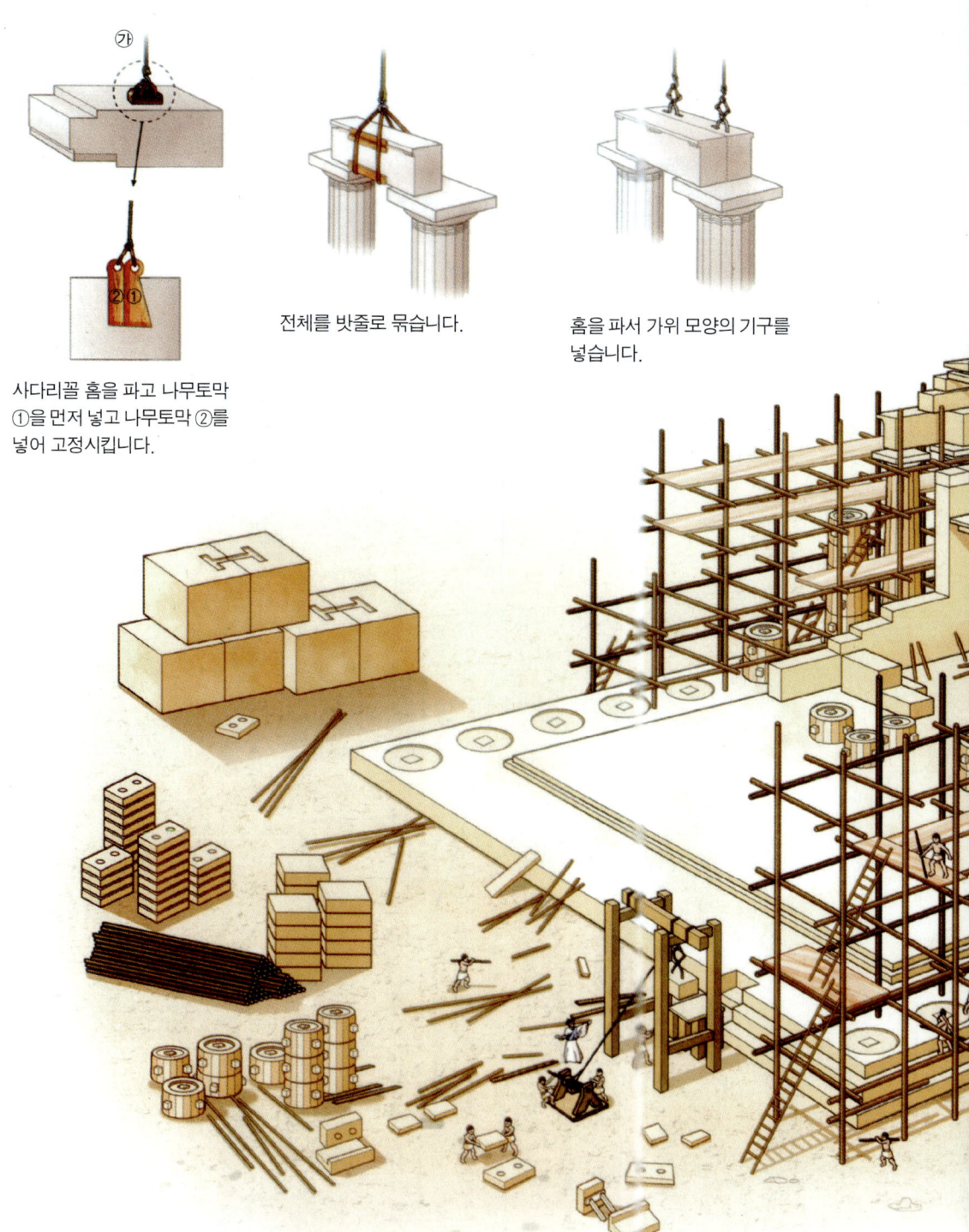

㉮

사다리꼴 홈을 파고 나무토막 ①을 먼저 넣고 나무토막 ②를 넣어 고정시킵니다.

전체를 밧줄로 묶습니다.

홈을 파서 가위 모양의 기구를 넣습니다.

그리스 신전 건축에서 석재를 운반하는 방법

그리스 건축에서 무거운 석재를 운반하는 방법은 여러 가지가 있습니다. 그 중 대표적인 방법이 돌에 사다리꼴 홈을 파고 그 안에 나무를 끼워 넣은 뒤 밧줄로 연결해서 들어 올리는 방식입니다. (그림 ㉮ 참고)

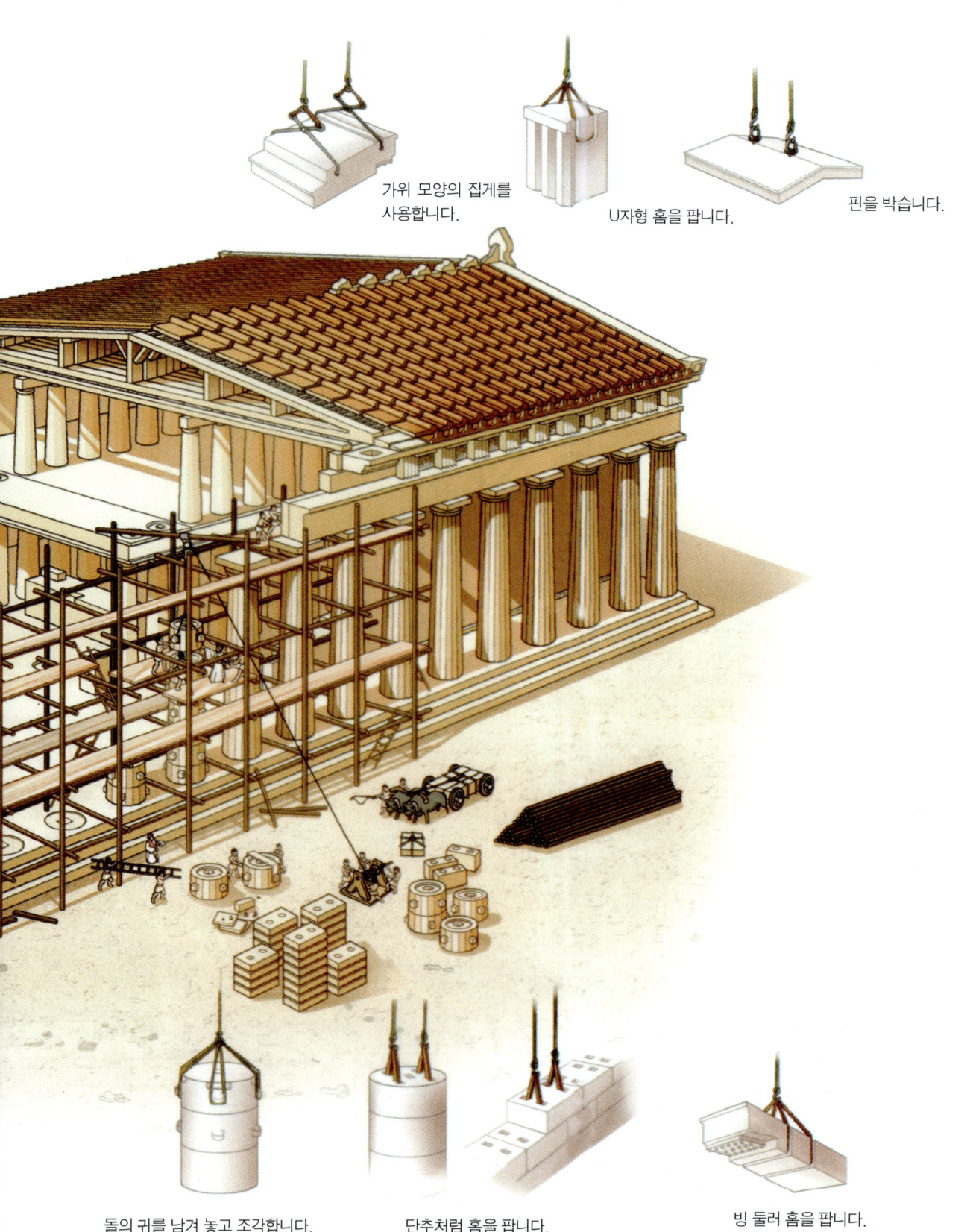

그리스 후기에 사용된 기중기의 구조

고대 그리스인들은 무거운 돌을 들어 올리기 위해 도르래와 지렛대의 원리를 이용한 기중기를 만들었습니다. 돌에 삼각형 모양의 홈을 파서 그 안에 쐐기를 박아 줄을 연결시킨 다음 이 줄을 서서히 감으면 돌이 들어 올려졌습니다.

《일리아드》와 《오디세이》

호메로스의 서사시 《일리아드》와 《오디세이》는 트로이 전쟁을 배경으로 쓰였습니다. 그중 《일리아드》는 아킬레우스를 주인공으로 하여 전쟁의 한 부분을 이야기하고 있는데, 그 내용은 다음과 같습니다.

트로이 전쟁이 10년째 계속되던 어느 날, 태양의 신 아폴론의 노여움을 달래는 과정에서 총사령관 아가멤논과 충돌하게 된 아킬레우스는 상으로 받은 여자 노예를 아가멤논에게 빼앗기게 됩니다. 이 때문에 아킬레우스가 전쟁터에서 물러나 더 이상 연합군을 돕지 않자, 기회를 노리던 트로이군과 트로이를 돕는 신들에 의해 수많은 그리스군이 죽거나 부상을 당하게 됩니다.

이러한 상황에서 파트로클레스라는 아킬레우스의 부하가 군대를 이끌고 전쟁에 나갔다가 죽음을 맞이하게 됩니다. 이에 분노한 아킬레우스는 결국 다시 전쟁에 나가 트로이 총사령관인 헥토르와 싸워 이깁니다.

호메로스의 《일리아드》를 소재로 한 영화 〈트로이〉의 한 장면

외눈박이 거인 폴리페모스로부터 벗어나는 오디세우스

오디세우스의 부하를 동물로 만든 키르케

호메로스의 또 다른 서사시 《오디세이》에서는 트로이 전쟁 이후의 이야기를 다루고 있습니다. 트로이 전쟁이 끝나자 전리품을 챙겨서 고향으로 돌아가던 오디세우스는 바다의 신 포세이돈의 노여움을 사게 되어 파도에 휩쓸려 엉뚱한 곳으로 흘러갑니다. 이후 오디세우스가 고향인 이타카로 되돌아가는 길은 순탄치 못했습니다. 포세이돈의 아들인 폴리페모스를 죽이고, 마녀 키르케와 요정 칼립소를 만나고, 세이렌의 유혹을 이겨낸 뒤에야 여신 아테나의 도움으로 고향에 닿게 됩니다.

집으로 가기 전에 그는 전쟁터에 나간 남편을 20년 동안 기다리고 있는 자신의 아내 페넬로페에 대한 이야기를 우연히 듣게 됩니다. 그는 자신을 모함하며 페넬로페와 결혼하려는 사람들이 있다는 것을 알고는 그들을 물리칩니다.

쉿! 상위 1%로 가는 비밀 수업 과학 블로그 N   내 블로그 | 바로가기 ▼ | Login

그리스와 페르시아

카테고리

과학 블로그 1부
- 첫 번째 수업
- 두 번째 수업
- 세 번째 수업
- 네 번째 수업
- 다섯 번째 수업
- 여섯 번째 수업
- 일곱 번째 수업

　메소포타미아와 이집트의 뒤를 이어 페니키아와 히타이트 같이 청동기와 철기로 무장한 강력한 문명이 쇠퇴하자 지중해 동쪽 끝에는 강력한 두 세력이 나타났습니다. 이 둘은 서로 완전히 다른 문명을 이어받아 꽃피우고 있었습니다.

　한쪽에는 이집트와 지중해 국가들의 전통을 이어받은 그리스가 있었는데 철학과 문학, 과학, 예술 등 모든 분야에 걸쳐 유럽 문명의 핵심을 이루게 되었습니다.

만만한 과학용어　검색

페르시아 제국

기원전 559년에 키루스 2세가 세운 페르시아 제국은 오늘날 이란의 영토에 근거한 여러 제국을 통틀어서 부르는 이름입니다.
아들 다리우스와 손자 크세르크세스 때 페르시아 제국과 그리스가 큰 전쟁을 치렀는데, 이것을 페르시아 전쟁(그리스 · 페르시아 전쟁)이라고 합니다. 마라톤 전투, 테르모필레 전투, 살라미스 해전이 가장 잘 알려져 있습니다.

한편, 그리스의 동쪽에는 전에 없었던 강력한 페르시아 제국이 성장해 있었습니다. 페르시아 제국은 명백히 유럽을 대표하는 그리스와 달리 메소포타미아의 전통을 계승한 동방 문명의 특징을 띠고 있었습니다.

페르시아의 키루스 대왕은 여러 부족을 통합하여 지중해로부터 멀리 인도 대륙의 고대 문명 발상지인 인더스 강까지 아우르는 페르시아 제국을 건설했습니다. 그리고 그의 손자 다리우스가 기원전 522년에 왕위에 오르면서부터 페르시아는 최고의 전성기를 누리게 됩니다. 다리우스는 이집트 지배

who are you? 검색

다리우스 제왕

다리우스 대왕은 기원전 522년부터 486년까지 페르시아 제국을 통치했습니다. 그는 뛰어난 행정가로 페르시아 제국의 행정 제도를 개선하고, 법률을 제정했으며, 대규모 건축 사업을 벌여 위대한 건축물을 많이 만든 것으로 유명합니다. 또한, 그리스 본토를 공격했으나 마라톤 전투에서 패했습니다.

다리우스 대왕(오른쪽)과 군사들

페르시아의 군사들

에 더 적극적이었고, 배를 잘 다루는 페니키아인들의 강력한 함대를 페르시아의 함대로 만들었습니다.

그러던 중 그의 눈에 새롭게 성장하고 있는 그리스가 들어왔습니다. 다리우스는 그리스를 무너뜨리고 페르시아 제국을 서쪽 끝까지 넓히고자 했습니다. 그러려면 그리스 도시국가가 분열되어야 했지만, 그리스 사람들은 법이나 관습은 서로 달라도 공동의 적 앞에서는 힘을 모았습니다.

당시 그리스군은 엄청난 식민지를 개척한 페르시아군에 비해 그 수가 훨씬 적었습니다. 하지만 그리스군은 체계적인 군사 훈련을 받은 병사들로 구성되어 있었기 때문에 기원전 490년에 있었던 마라톤 전투에서 페르시아를

마라톤 평야에서 발굴된 청동 투구

물리쳤습니다.

그로부터 10년 뒤 다리우스의 아들 크세르크세스는 그리스와의 전쟁을 위해 더 큰 군대를 조직했습니다. 페르시아 군대는 과거 페니키아의 후예들로 구성된 해군 함대의 지원을 받아 약 250만 명의 군대를 앞세우고 그리스로 진군했습니다. 그러나 아테네의 장군 테미스토클레스가 이끄는 그리스 함대는 페르시아 함대를 살라미스 섬 부근의 좁은 해협으로 유인하여 큰 승리를 거두었습니다.

크세르크세스는 겨울 동안 다시 군사를 모아 다음 해에 되돌아와 그리스인들과 플라타이아이 평원에서 맞붙었습니다. 그러나 마라톤과 살라미스에서처럼 그리스 군대는 또다시 강력한 페르시아 군대를 함정에 빠뜨려 물리치는 데 성공했습니다.

플라타이아이 전투의 패배는 페르시아 제국으로서는 멸망의 시작이었습니다. 페르시아는 내부에서부터 무너지기 시작했으며, 훗날 알렉산더 대왕에게 정복될 운명에 처하게 되었습니다.

만만한 과학용어 검색

마라톤 전투

기원전 490년 전에 그리스의 마라톤에서 밀티아데스가 이끄는 아테네군이 페르시아의 다리우스 왕이 이끄는 대군을 물리친 전투입니다. 마라톤 전투의 승리를 알리기 위해 병사가 아테네까지 달려간 데서 마라톤 경주가 유래되었습니다.

마라톤 전투

살라미스 해전

이 전쟁은 세계 역사상 가장 중요한 전환점 중 하나가 되었습니다. 만약 다리우스나 크세르크세스가 승리했더라면 위대한 그리스의 과학과 문학은 제대로 꽃을 피워 보지도 못하고 종말을 맞았을지도 모릅니다. 또한, 그리스와 로마에 의한 유럽 문화의 기틀은 결코 만들어질 수 없었을 것입니다.

테르모필레 전투를 다룬 영화 〈300〉

페르시아 전쟁과 영화 〈300〉

페르시아는 모두 세 차례의 그리스 원정을 떠났습니다. 그러나 첫 번째 원정은 폭풍우로 실패했습니다. 두 번째 원정은 기원전 490년에 페르시아 제국의 무패 신화를 깨뜨린 마라톤 전투입니다. 그리고 세 번째 원정은 우리나라의 한산도 대첩과 함께 세계 4대 해전 중 하나로 알려져 있는 살라미스 해전입니다. 이 해전 때문에 세계의 역사가 유럽 중심으로 재편성되었다고 할 만큼 중요한 해전이었습니다.

영화 〈300〉의 배경이 된 테르모필레 전투는 페르시아의 세 번째 원정에서 있었던 전투 중 하나입니다. 테르모필레 협곡에서 스파르타 왕인 레오니다스는 스파르타군 300명과 테스피스군 700명, 그 밖에 소수의 테베군만으로 페르시아군이 그리스 본토로 쳐들어오는 것을 3일간 막았습니다. 그런데 그리스의 한 배신자가 다른 길이 있다는 것을 적에게 알려주어 레오니다스와 그의 병사들은 결국 죽음을 맞이하게 됩니다.

그러나 3일 동안 페르시아군의 공격을 지연시켜 준 덕에 그리스 함대는 아르테미시움에서 퇴각할 수 있었고, 살라미스 해전에서 대승을 거두는 발판을 마련하게 되었습니다.

올림픽과 마라톤

그리스 도기에 그려진 고대 그리스의 올림픽 경기 장면

고대 그리스의 올림픽은 제우스 신에게 바치는 행사였습니다. 그때도 지금과 마찬가지로 4년에 한 번씩 열렸는데 종교와 예술, 군사 훈련 등 여러 가지 목적을 가진 중요한 행사였습니다.

그리스의 도시국가들은 알페우스 강과 클라데우스 강이 만나는 지점에 위치한 올림픽 평원에 거대한 신전과 경기장을 세워 놓고 올림픽을 열었습니다. 발생 시기에 대한 기록은 남아 있지 않지만 기원전 776년을 올림피아가 처음 시작된 해로 보기도 합니다. 엘리스 출신의 코로에부스가 스타디온 달리기에서 우승했다는 문헌상 최초의 기록이 이때이기 때문입니다.

고대 그리스의 올림픽은 종교와 예술과 운동을 하나로 묶는 행사였습니다. 올림픽이 열릴 때면 각 도시국가의 시민들은 올림피아에 모여 신전에 참배하며 제사를 지냈습니다. 그리고 예술과 관련된 행사들도 종교의식만큼이나 중요한 자리를 차지했습니다. 그러나 무엇보다 중요한 것은 올림픽이 군사적인 목적을 이루기 위한 훈련의 하나로 치러졌다는 것입니다.

훗날 그리스가 멸망하고 로마가 세계의 중심이 되면서 기독교를 로마 제국의 국교로 정한 테오도시우스 황제는 394년에 올림픽을 이교도의 행사라 해서 금지시켰는데, 이로써 올림픽의 역사도 막을 내리게 되었습니다. 이후 근대 올림픽이 부활하게 된 것은 1500여 년이 흐른 뒤였습니다. 이는 프랑스의 쿠베르탱이라는 남작의 강한 집념과 노력의 결과였습니다. 그는 당시 보불 전쟁(프로이센·프랑스 전쟁)에서 져 사기가 떨어진 프랑스 청소년들에게 새로운 용기와 의욕을 불러일으키려고 올림픽을 부활시켰는데, 이것은 점차 세계의 평화를 기원하기 위한 대회가 되었습니다.

올림픽의 꽃이라고 하는 마라톤은 한 그리스 병사의 이야기에서 유래되었습니다. 기원전 490년에 마라톤 평야에서 그리스의 밀티아데스가 페르시아군을 격파했을 때, 아테네 병사가 승리를 알리기 위해 약 40킬로미터를 달려 아테네 시민들에게 승리를 알리고는 그 자리에 쓰러져 숨졌다고 합니다. 이 이야기에서 유래하여 1896년에 열린 근대 올림픽인 제1회 아테네 올림픽부터 마라톤이 정식 종목으로 채택되었습니다.

고대 그리스의 올림픽 경기장 입구

그리스의 고전 시대

여섯 번째 수업

카테고리

과학 블로그 1부
- 첫 번째 수업
- 두 번째 수업
- 세 번째 수업
- 네 번째 수업
- 다섯 번째 수업
- **여섯 번째 수업**
- 일곱 번째 수업

고대 그리스는 페르시아와의 전쟁이 끝날 때까지도 독립적인 도시국가들을 유지하고 있었습니다. 그 도시들은 처음 만들어질 때부터 저마다 독특한 법과 관습을 가지고 있었습니다. '폴리스'라고도 하는 도시국가들은 대부분 평야 지대에 자리 잡고 있었고, 산맥과 강이 자연스럽게 국경과 요새가 되었습니다.

그리고 세월이 흘러 도시의 중심에는 시장이나 많은 사람이 모일 수 있는 '아고라'라는 광장이 생겼습니다. 아고라가 형성되면서 그리스 사람들

만만한 과학용어 검색

아고라

고대 그리스의 도시에서 시민들이 모여 다양한 활동을 하던 모임의 장소로 쓰인 야외 공간을 말합니다.
호메로스의 작품에 등장하는 이 이름은 장소라는 의미 외에 모임 자체를 뜻하기도 합니다. 그곳에서는 일상적인 종교 활동이나 정치적인 행사 외에 재판이 열리기도 하고 상업 활동도 이루어졌습니다.

은 이제 새로운 세상을 받아들이고 발전시킬 준비가 되었습니다.

　그리스의 도시국가 중 가장 대표적인 것이 아테네와 스파르타였습니다. 그 외에 코린트, 칼키스, 밀레투스, 스미르나, 에레트리아 같은 도시들이 있었습니다. 이들 도시국가는 북쪽인 흑해 쪽으로도 식민지를 건설해 나갔으며, 지중해를 통해 북아프리카와 멀리 스페인, 프랑스 지역까지 세력을 확장했습니다.

　그리스는 문명을 만들었던 조상들이 남긴 유산도 화려하게 꽃피웠습니다. 살라미스 해전과 플라타이아이 전쟁을 승리로 이끈 뒤부터는 더욱 폭발적인 발전을 이끌어 냈습니다. 또한, 현대까지 유럽의 문화를 지탱해온 철학적 토대를 형성하는데 커다란 영향을 미친 철학자들도 배출했습니다.

만만한 과학용어 검색

코린트
그리스 본토와 펠로폰네소스 반도를 잇는 지역에 있던 고대 도시국가로, 현재도 남아 있습니다. 그리스 남북 육상 교통의 요지인 동시에 이오니아 해와 에게 해를 잇는 해상 교통의 요지였습니다.

칼키스
기원전 7세기 페니키아 시대에 건설된 항구 도시로 지금까지 번영하고 있습니다. 그리스 본토와는 다리로 연결되어 있으며 교통과 무역의 중심지입니다.

밀레투스
미노스인의 지배를 받았던 그리스 본토 사람들은 기원전 15세기경에 산토리니 섬의 화산 폭발 이후 크레타를 정복하고 미케네 문명을 이루었습니다. 이 문명의 일부가 에게 해를 건너 아나톨리아에 여러 도시들을 이루었는데, 그중 한 곳이 밀레투스입니다.

스미르나
지금의 터키 제3의 대도시인 이즈미르 지역으로 이오니아인들이 세웠습니다. 항구라는 이점과 적의 공격을 막기 좋고 내륙과의 연결이 편리한 점 때문에 예로부터 중요한 위치를 차지했습니다.

에레트리아
그리스 중부 에우보이아 주에 있는 고대 도시의 이름입니다. 이곳에 있는 작은 마을인 레오프사라에는 디오니소스 신전과 제단 외에도 여러 신전 등 유적이 많이 남아 있습니다.

　역사와 여러 문화권을 살펴보면 위대한 철학자, 예술가, 정치가들이 많이 있습니다. 그러나 르네상스 시기를 제외하면 이때처럼 아테네를 중심으로 집중적으로 나타나 유럽 문화 전체를 지배할 만한 사상을 마련하고 도미노처럼 지속적으로 영향을 준 시기는 없었습니다.

당시 영향력 있는 사람들 중에서 다른 누구보다도 뛰어난 세 사람이 있었는데 바로 소크라테스, 플라톤, 아리스토텔레스였습니다. 소크라테스가 맨 처음 등장했고, 그의 뒤를 이어 플라톤이 등장했는데 그들은 스승과 제자 사이였습니다. 플라톤은 다시 아리스토텔레스를 가르쳤고 이렇게 연속적으로 스승과 제자가 서로 그 깊이를 더해 갔습니다. 특히 소크라테스는 대화법(상대편에게 질문을 던져 스스로 무지를 깨닫게 함으로써 사물에 대한 올바른 개

아테네의 아크로폴리스

<small>념에 도달하게 하는 방법)</small>이라고 하는 재치 있는 말솜씨 때문에 제자들이 많이 따랐으며, 후대 사람들이 유럽 철학의 시조라고 생각할 만큼 뛰어난 철학자였습니다.

철학이 소크라테스, 플라톤, 아리스토텔레스 같은 그리스인에 의해 만들어진 것과 마찬가지로, 의학도 그리스 사람들에 의해 맨 처음 체계를 갖추었습니다. 히포크라테스는 병을 치료할 때 의사가 가져야 할 생각들을 처

음으로 정리했고, 의학의 발전을 위해 해야 하는 일이 무엇인지도 처음 이야기했습니다. 오늘날 의학의 아버지라고 불리는 히포크라테스는 그 당시 선구자였습니다. 그가 쓴 선서의 내용은 현대 의사들도 꼭 지켜야 할 기준을 제시하고 있습니다. 히포크라테스 선서에는 의사와 환자 간의 신뢰, 환자에 대한 의사의 책임, 사회적 신분에 상관없이 누구나 치료해야 하는 의사의 의무 같은 기본적인 내용들이 들어 있습니다.

만만한 과학용어 검색

히포크라테스 선서

히포크라테스는 그리스의 코스 섬에서 태어났습니다. 그는 의사 윤리를 확립한 사람으로 알려져 있으며, 의사보다 환자를 중심에 놓고 환자의 권익을 존중했습니다. 그리고 그와 그의 제자들은 약물이나 수술보다 음식과 운동 같은 부드러운 치료법을 권장했습니다.

이러한 그의 사상을 담은 히포크라테스 선서는 의학을 공부할 때 치르는 입문 의식의 한 절차로 진행됩니다. 오늘날 쓰이고 있는 히포크라테스 선서는 1948년에 제네바에서 세계의사협회에 의해 만들어진 것입니다.

히포크라테스의 의학

고대 그리스의 의학은 메소포타미아나 이집트의 의학과는 달리 합리적 의학의 형태로 발전했습니다. 히포크라테스와 그의 추종자들에 의해 집필된 것으로 여겨지는 《히포크라테스 전집》은 고대 그리스 의학의 합리적 전통을 이끌어 간 획기적인 것이었습니다.

히포크라테스의 의학 체계는 치료와 철학적 체계화를 결합한 형태로서, 실력 없는 의사를 몰아내고 지식에 바탕을 둔 합리적인 의학 풍토를 마련하고자 했습니다. 이에 따라 그들은 성공적인 예측을 강조했는데, 이것은 단순히 의사의 치료 능력을 높이려는 목적뿐만 아니라 전문 의사로서의 이미지를 위해서도 강조되었습니다.

또한, 그들은 '기술'을 가진 의사와 그렇지 않은 아마추어와의 구별을 강조했고, 의료 시술자들 사이의 자율적 규제도 시도했습니다. 지금도 전해지는 히포크라테스 선서는 바로 그런 전통을 이어받은 것입니다.

히포크라테스의 의학 체계는 피, 점액, 황담즙, 흑담즙 등 신체를 구성하는 4개의 체액이 존재한다는 4체액설로 이루어져 있는데, 이 체액 사이의 불균형으로부터 병의 원인을 찾았습니다. 4체액은 성질상으로는 뜨거움·차가움·습함·건조함을, 계절상으로는 봄·겨울·여름·가을 등을 나타냈습니다.

히포크라테스학파들은 치료를 위해서 질병뿐만 아니라 환자도 연구해야 한다고 주장했으며, 질병에 대한 기후나 계절 변화의 영향에 대해서도 연구했던 것으로 알려져 있습니다.

아테네 아크로폴리스의 모습을 상상한 복원도

쉿! 상위 1%로 가는 비밀 수업 과학 블로그 | 내 블로그 | 바로가기 | Login

그리스 신화와 과학

07 일곱 번째 수업

카테고리

과학 블로그 1부
- 첫 번째 수업
- 두 번째 수업
- 세 번째 수업
- 네 번째 수업
- 다섯 번째 수업
- 여섯 번째 수업
- **일곱 번째 수업**

그리스는 신화의 나라라고 해도 지나친 말이 아닐 것입니다. 고대 그리스의 우주관도 바로 이 신화에서 비롯되었습니다. 그리스의 신화 속에 나오는 세계는 거대한 원반 구조를 가진 평면적 세계였는데, 이러한 생각은 나중에 그리스의 자연과학에 큰 영향을 미쳤습니다.

자연 현상에 대한 관찰도 신화에서 시작되었는데, 예를 들어 에트나 화산의 대폭발을 올림포스의 신들과 싸우다 져서 지하 세계로 빠진 기간테스들의 비명이라고 생각하는가 하면, 대장장이 신 헤파이스토스의 대장간 불이라고 생각하기도 했습니다.

그리스 신화는 현대의 모든 분야에도 영향

아킬레우스가 그려진 도기

을 미치고 있습니다. 예를 들어 발꿈치 힘줄을 뜻하는 의학 용어인 아킬레스건은 바다의 여신인 테티스의 아들이자 그리스 신화의 영웅인 아킬레우스에서 유래했습니다. 그리고 심리학에서는 아킬레스건이 상대방의 치명적인 약점을 비유적으로 이르는 말로도 쓰입니다.

심리학에서 신화는 중요한 역할을 하고 있습니다. 심리학 용어 중 하나인 '오이디푸스 콤플렉스'는 스핑크스의 수수께끼를 풀었다는 오이디푸스(그리스 신화에 나오는 인물로, 아버지를 죽이고 어머니와 결혼함)에서 유래했습니다. 피그말리온 효과, 나르시시즘(그리스 신화의 미소년 나르키소스에서 유래함), 야누스(로마 신화에 나오는 두 얼굴을 가진 신) 등도 모두 신화와 관련된 심리학 용어입니다. 심리학을 뜻하는 '사이칼러지(psychology)'라는 말 자체도 그리스 신화에 나오는 사랑의 신인 에로스의 연인 프시케(psyche)에서 유래했습니다.

그리스 신화는 천문학에도 영향

who are you? 검색

아킬레우스

그리스 신화를 다룬 호메로스의 서사시 《일리아드》에 나오는 영웅입니다. 걸음이 매우 빠르며 트로이 전쟁 때 그리스가 승리하는 데 중요한 역할을 했습니다. 어렸을 때 스틱스 강에 몸을 담가 불사신이 되었으나 트로이의 왕자 파리스에게 유일한 약점인 발뒤꿈치에 화살을 맞아 죽었다고 합니다.

만만한 과학용어 〔검색〕

피그말리온 효과

교육심리학에서 다루는 것 중 하나로, 선생님의 기대나 관심에 따라 학습자의 성적이 향상되는 것을 말합니다. 교사 기대 효과, 로젠탈 효과, 실험자 효과라고도 합니다.

을 미쳐 태양계의 행성은 대부분 신화에서 그 이름을 가져왔습니다. 비너스(금성), 마르스(화성), 머큐리(수성) 등은 신들의 특징과 어울리게 이름을 붙인 것입니다. 그리고 그 행성을 도는 위성의 이름은 신화 속 영웅이나 인간들의 이름을 가져다 지었습니다. 대표적인 예로 목성의 위성에 이오, 에우로페, 칼리스토, 가니메데 같은 이름을 붙였는데, 이들은 모두 신의 사랑을 받은 인간들입니다.

목성에게 이름을 빌려 준 신들의 왕 주피터

태양계의 행성 이름

태양계의 행성 이름은 그리스 신화에 나오는 신들의 이름에서 유래했습니다. 주로 신의 특징과 행성의 특징을 알맞게 연관 지어 붙였는데, 각 행성의 이름을 살펴보면 다음과 같습니다.

수성

수성은 머큐리(Mercury)로, 제우스와 마이아 사이에서 태어난 헤르메스의 로마식 이름인 메르쿠리우스의 영어 이름에서 따왔습니다. 헤르메스는 신들의 뜻을 전달하는 심부름꾼 역할을 했는데, 로마인들이 수성을 이렇게 부른 것은 항상 태양 가까이 붙어서 부지런히 움직이는 행성이기 때문이라는 말이 있습니다.

금성은 비너스(Venus)로, 아프로디테의 로마식 이름인 베누스의 영어 이름에서 따왔습니다. 아마도 밤하늘에서 금성이 매우 밝고 아름답게 보였기 때문에 천체 중에서 금성이 가장 아름답다고 생각하여 미의 여신인 아프로디테의 이름을 붙인 듯합니다.

그리스 신화에서 가장 먼저 등장

금성

지구

화성

목성

하는 신은 가이아였습니다. 가이아는 대지의 여신으로, 카오스라는 혼돈 상태에서 스스로 태어났습니다. 그 후 하늘과 바다와 산을 낳았으며, 자신이 낳은 하늘의 신 우라노스와의 사이에서 최초의 신이라 할 수 있는 티탄을 낳았습니다. 이 가이아가 바로 지구(Earth)입니다.

화성은 마르스(Mars)로, 아레스의 로마식 이름입니다. 아레스는 제우스와 헤라 사이에서 태어난 외아들로, 전쟁의 신입니다. 아버지가 전쟁의 신이다 보니 아레스의 두 아들도 항상 아버지를 따라 전쟁에 나갔다고 합니다. 화성을 마르스라고 부른 것은 붉게 보이는 화성이 마치 핏빛으로 물든 전쟁터를 연상시켰기 때문인 것으로 보입니다.

목성은 주피터(Jupiter)로, 크로노스의 막내아들인 제우스의 로마식 이름인 유피테르의 영어 이름에서 따왔습니다. 제우스는 아버지를 물리치고 신들의 왕이 되었습니다. 사실 목성의 밝기는 천구 상에서 태양, 달, 금성에 이어 네 번째입니다. 그런데도 신들의 왕인 주피터의 이름을 목

토성

천왕성

해왕성

성에 붙인 것은 그들의 뛰어난 예지력으로 밖에 볼 수 없습니다. 왜냐하면, 당시에는 행성 중에서 목성이 가장 크다는 사실이 알려지지 않았기 때문입니다.

토성은 새턴(Saturn)으로, 크로노스의 로마식 이름인 사투르누스의 영어 이름에서 따왔습니다. 그는 자식을 학대하는 아버지 우라노스를 몰아내고 1세대 신들의 왕이 되었습니다. 그러나 아버지의 운명처럼 자신도 아들인 제우스에게 쫓겨났습니다. 토성이 시간의 신인 크로노스의 이름을 얻은 것은 당시 알려진 행성 중에서 가장 느렸기 때문이라고 합니다.

천왕성인 우라누스(Uranus)는 가이아의 아들로 태어나 가이아와 결혼한 하늘의 신 우라노스에서 유래했습니다. 그리스 신화에 따르면 천왕성은 태양계 가족 중에서 두 번째로 태어난 천체입니다.

해왕성은 넵튠(Neptune)으로, 바다의 신 포세이돈의 로마식 이름인 넵투누스의 영어 이름에서 따왔습니다. 천왕성이 발견된 지 65년 뒤인 1846년 9월 23일에 발견되었습니다.

명왕성

지금은 행성의 지위를 잃어버린 명왕성은 플루토(Pluto)로, 지하 세계의 왕인 하데스의 로마식 이름인 플루톤의 영어 이름에서 따왔습니다. 하데스는 '눈에 보이지 않는 것'이라는 의미를 지니고 있습니다.

태양을 뜻하는 솔(Sol)은 헬리오스의 로마식 이름입니다. 태양신 헬리오스는 네 마리의 말이 끄는 불의 수레를 끌고 매일 동쪽에서 서쪽으로 하늘을 가른다고 합니다.

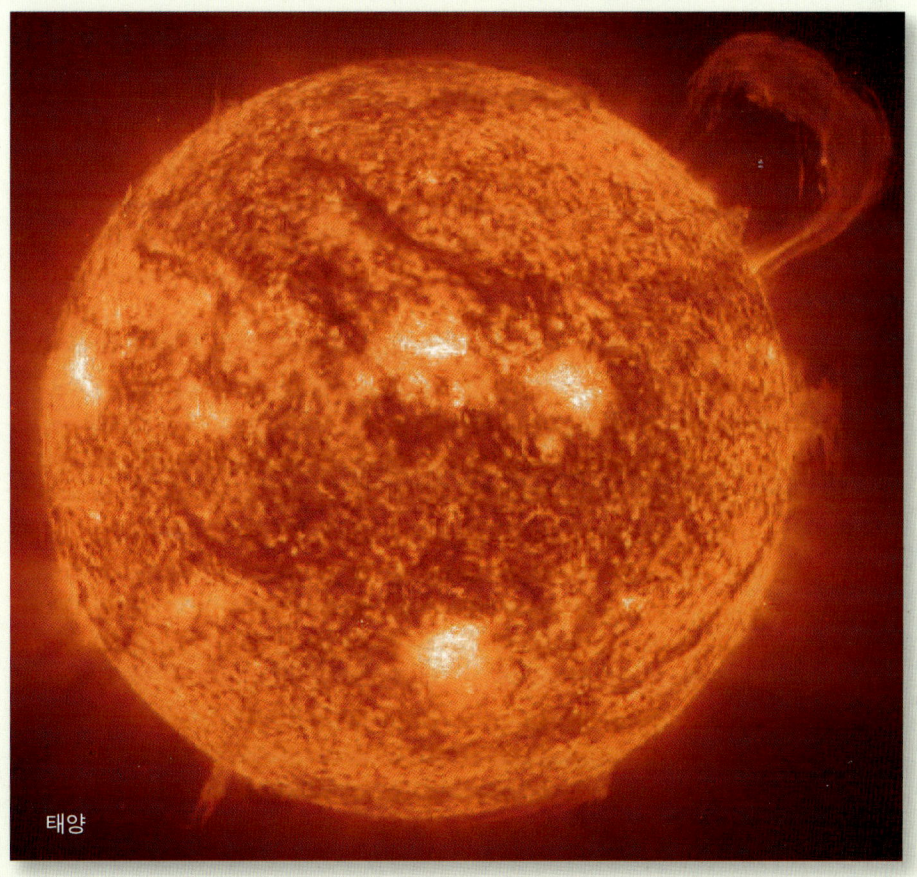
태양

왜 그리스에서 자연과학이 발달했을까요?

그리스 사람들이 생각하는 신은 인간과 별로 다를 것이 없었습니다. 그들의 신은 인간과 같이 울고, 웃고, 고민하는 신이었습니다. 그래서 그리스 사람들은 다른 신화에서 흔히 나타나는 전지전능한 초자연적인 개념에서 쉽게 벗어날 수 있었습니다.

그들이 신화에서 벗어나 새롭게 눈을 뜬 분야는 이 세상을 이루고 있는 물질이란 무엇인가에 대해서였습니다. 신화 속 신에 대한 개념이 절대적인 힘을 가지고 지배하는 신이 아니었기 때문에 자연과학이 발달할 수 있었던 것입니다.

그리스 사람들이 가진 또 하나의 무기는 바로 자유로운 토론과 비판의 문화였습니다. 서로의 생각에 대해 비판하고 토론하는 과정에서 새로운 사고방식에 의한 활동인 '과학'이 형성될 수 있었습니다.

그리고 문자의 발명으로 기록을 통해 다른 사람이나 후대에 지식을 전할 수 있었던 것도 그리스에서 자연과학이 발달할 수 있었던 이유 중 하나입니다. 이미 기원전 3000년경에 이집트와 메소포타미아에서 문자가 발명되었고, 기원전 1200년경에는 페니키아인이 알파벳을 발명했습니다. 이 알파벳이 기원전 8세기경에 그리스에 전해지면서 기원전 5~6세기에 그리스 문화가 융성하게 되는 밑거름이 되었습니다.

2부
아테네 학당의 천재들

Start

📕 **교과 연계**

초등 3 | 물에 사는 생물
초등 4 | 열에 의한 물체의 부피 변화
초등 4 | 별자리를 찾아서
초등 5 | 작은 생물
초등 5 | 에너지
초등 6 | 주변의 생물

- 01 첫 번째 수업
- 02 두 번째 수업
- 03 세 번째 수업
- 04 네 번째 수업
- 05 다섯 번째 수업
- 06 여섯 번째 수업
- 07 일곱 번째 수업

라파엘로가 그린 〈아테네 학당〉

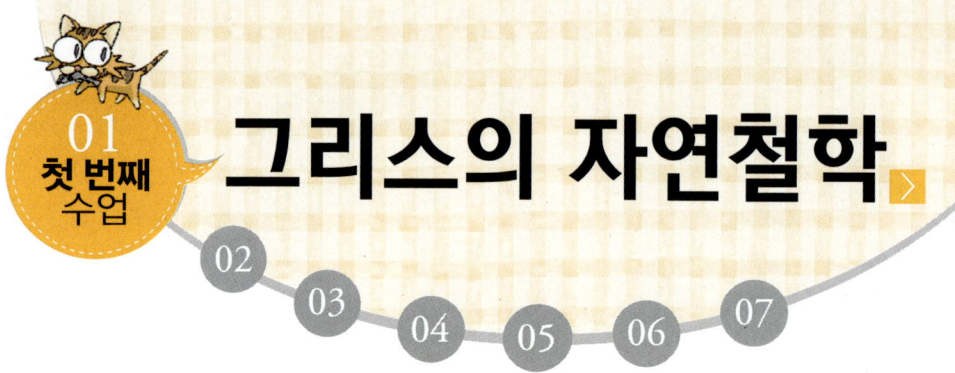

그리스의 자연철학

카테고리

과학 블로그 2부
- 첫 번째 수업
- 두 번째 수업
- 세 번째 수업
- 네 번째 수업
- 다섯 번째 수업
- 여섯 번째 수업
- 일곱 번째 수업

그리스를 이야기하면서 빼놓을 수 없는 것이 바로 자연에 대한 생각들, 즉 자연철학입니다. 자연철학은 자연을 연구하는 고대 그리스 철학을 뜻합니다.

당시 철학자들은 자연 현상의 원인을 초자연적인 것이 아니라 자연적인 것에서 찾으려고 노력했습니다. 처음에는 모든 자연의 생성 과정을 두루 탐구했는데, 점점 구체화되어 주변의 사물에 대한 연구로 발전했습니다. 실험을 하지 않았다는 점에서 근대 자연과학보다는 뒤떨어지지만, 논리적인 면은 매우 뛰어났습니다.

그들이 고민한 문제는 매우 많았는데, 그중에서 가장 중요했던 것은 '이 세상을 만든 근본 물질은 무엇인가?'와 '그 근본 물질에서 어떻게 다양한 물체와 현상들이 생겨나는가?'라는 문제였습니다. 이 문제에 대해 탈레스는 물, 아낙시만드로스는 무한의 것인 아페이론(apeiron), 아낙시메네스는 공기를 근본 물질로 제시했습니다. 파르메니데스처럼 어떤 물질이 다른 어떤 물질로 변하는 것은 불가능한 일이라고 주장한 사람도 있었습니다.

한편, 엠페도클레스는 흙, 물, 공기, 불의 4가지 물질이 근본 물질이며, 4가지 근본 물질은 변하지 않고 다만 이것들이 섞여서 여러 가지 다른 물체

who are You? 검색

아낙시만드로스

고대 그리스의 철학자이며, 흔히 천문학의 창시자로 불립니다. 우주적인 세계관을 전개한 최초의 철학자로 알려져 있으며, 밀레투스학파이자 탈레스의 제자였으리라 짐작됩니다. 당시까지 알려진 세계에 관한 지도를 만들었다고 합니다.

아낙시메네스

기원전 545년경에 활동한 그리스의 철학자입니다. 탈레스, 아낙시만드로스와 함께 밀레투스학파의 3명의 현인 중 한 사람으로 알려져 있습니다.

파르메니데스

이탈리아 출신의 그리스 철학자로, 그리스의 주요 학파 중 하나인 엘레아학파를 세웠습니다. 그의 사상을 담은 책들 중에 남아 있는 약간의 짧은 글들과 3부분으로 이루어진 〈자연에 대하여〉라는 약간 긴 글을 바탕으로 우리에게 알려져 있습니다.

who are you? 검색

엠페도클레스

그리스의 철학자·시인·생리학자입니다. 전하는 이야기로는 자신이 신이라는 것을 보여 주기 위해서 자신을 따르는 사람들을 이끌고 에트나 화산의 분화구에서 뛰어내렸다가 죽었다고 합니다. 아리스토텔레스는 그를 수사학의 창시자라고 이야기했고, 갈레노스는 이탈리아 의학의 초석을 놓은 사람으로 여겼으며, 루크레티우스는 그가 지은 시를 읽고 매우 감탄했다고 합니다.

가 된다고 주장했습니다. 또 데모크리토스는 눈에 보이지 않는 수많은 원자들이 모여서 갖가지 물체를 이룬다고 주장했습니다.

이처럼 고대 그리스의 철학자들은 서로의 주장을 비판하고 더 나은 이론을 만들기 위해 적극적으로 노력하면서 학문의 수준을 끌어올렸습니다. 그리스 자연철학의 진정한 과학적 의의는 바로 이런 점에 있습니다.

인류 역사 전체로 볼 때 탈레스의 가장 큰 공헌은 처음으로 근본 물질과 변화에 대해 관심을 보였다는 데 있습니다. 그는 모든 물질의 근본이 물이라고 주장했으며, 우주를 물로부터 발산된 살아 있는 유기체라고 생각했습니다.

그는 또한 원주는 원의 지름에 의해 이등분된다

데모크리토스가 그려진 그리스의 지폐(위)와 우표(아래)

는 것을 증명하는 등 기하학 분야에도 이론적인 관심을 보였습니다. 이외에도 지진은 지구가 물 위에 떠 있으면서 흔들릴 때 발생한다고 주장하는 등 신화에서 나오는 것과 같은 비자연적인 요인에 의한 설명을 배제하고 합리적인 설명을 하려고 시도했습니다. 그러나 탈레스를 비롯한 당시 그리스 철학자들의 주장은 오늘날 증명된 과학적 사실과 거리가 먼 것이 많습니다.

데모크리토스

그리스의 철학자로, 원자에 대한 연구에 중요한 역할을 했습니다. 그에 관해 알려진 것은 별로 없지만, 트라키아의 아브데라에서 부유하게 살면서 동방의 여러 곳을 여행하며 보낸 것으로 보입니다. 오늘날 그의 저서로 남아 있는 것은 대부분 윤리학에 관한 내용이며, 그 일부만이 전해지고 있습니다.

엠페도클레스의 4원소

엠페도클레스는 플라톤이 이야기한 원소의 개념까지는 이르지 못했지만, 그와 비슷한 개념을 이야기했습니다. 바로 원초적 물질과 단순한 물질에 해당하는 불, 물, 공기, 흙으로 구성되는 4개의 뿌리라는 이론입니다.

그는 4개의 원소들이 서로 합쳐지거나 분리되면서 어느 것이 더 많으냐에 따라 세상에 존재하는 여러 가지 물질이 만들어진다고 했습니다. 그리고 이 원소 간의 결합은 물질을 서로 섞게 만드는 '사랑'과 밀치게 만드는 '투쟁'에 의해서 결정된다고 했습니다.

엠페도클레스는 처음 우주가 만들어질 때는 4개의 근본 물질들을 서로 결합시키는 사랑의 힘이 강했지만, 우주가 만들어지고 나서는 투쟁이 들어와서 근본 물질들을 서로 밀치게 만들었다고 주장했습니다.

그리고 물질의 결합에도 일정한 비율이 있으며, 사람도 이 비율이 깨지면 병에 걸린다고 하였습니다. 예를 들어 사람의 뼈는 불, 물, 흙이 4:2:2로 구성되어 있고, 피와 살은 불, 물, 공기, 흙이 1:1:1:1로 구성되어 있다고 생각했습니다.

제논의 역설

고대 그리스의 수학자들을 가장 많이 괴롭힌 사람은 제논일 것입니다. 그는 이론적으로 참인 것처럼 보이지만 참이 아닌 '역설'을 이용했는데, 그 대표적인 것이 다음의 이야기입니다.

제논은 만약 그리스 신화에 나오는, 발이 가장 빠른 영웅인 아킬레우스가 거북과 경주를 할 때 거북이 몇 미터만 먼저 출발해도 아킬레우스는 절대로 거북을 따라잡을 수 없을 것이라고 했습니다. 아킬레우스가 거북이 출발한 곳인 A지점에 도착했을 때 거북은 이미 그보다 앞인 B지점에 가 있을 테고, 아킬레우스가 B지점에 도착하면 거북은 다시 C지점에 가 있으며, 아킬레우스가 C지점에 이르면 거북은 이번에도 그보다 조금 더 앞에 있게 된다는 것입니다.

그의 말대로라면 아킬레우스가 아무리 빨리 달려도 거북은 항상 아킬레우스보다 조금씩 더 앞에 있어서 아킬레우스는 영원히 거북을 앞지를 수 없게 됩니다. 우리는 당연히 아킬레우스가 빠르므로 거북을 따라잡을 수 있다고 생각하지만, 막상 그것을 증명하기란 쉬운 일이 아닙니다.

그리스인이 생각한 우주

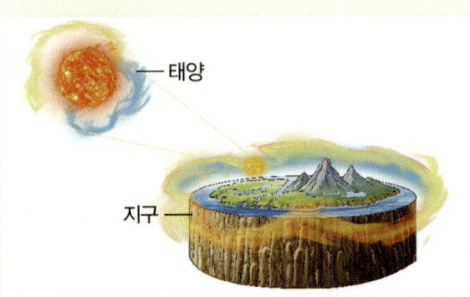

아낙시만드로스의 우주 모형

아낙시메네스의 우주 모형

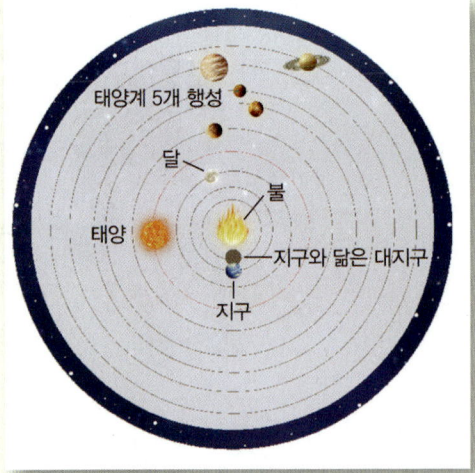

피타고라스학파의 우주 모형

그리스의 철학자들은 우주를 어떻게 생각했을까요? 그들이 생각한 우주는 우리가 알고 있는 우주와는 많이 달랐습니다.

밀레투스 출신의 철학자 아낙시만드로스는 자연법칙에 어긋나는 신화적 해석보다는 이성적이고 합리적인 설명을 좋아했습니다. 그래서 그는 바람이 갈라질 때 천둥이 치고, 구름이 갈라질 때 번개가 친다고 생각했습니다. 또 거인 아틀라스가 지구를 떠받치고 있는 것이 아니라, 우주의 중심에서 지구 스스로 떠 있다고 생각했습니다.

그는 천체의 모양에 대해서도 이야기했는데, 지구는 지름이 높이의 3배인 원통처럼 생겼고, 별은 지구 지름의 9배, 달은 18배, 태양은 27배라고 주장했습니다. 그 말이 맞건 틀리건 그는 그리스 최초로 천체의 모양을 제시한 사람이었습니다.

아낙시만드로스의 제자 아낙시

메네스는 만물의 근원이 공기라고 주장했습니다. 그는 공기가 엷어지면 따뜻한 불이 되고, 짙어지면 차가운 물이나 흙, 돌 등이 생긴다고 했습니다.

그리고 결국 이것이 우주의 중심에 있는 지구를 만든다는 것입니다. 이처럼 밀레투스의 철학자들은 물질이 근본이라고 생각했습니다.

그러나 이탈리아 지방에 살고 있던 철학자 피타고라스는 그들과 생각이 달랐습니다. 그는 수를 만물의 근본으로 생각했습니다. 피타고라스를 따르는 제자에게 그의 말이나 이론은 신의 말씀과 다름없었기 때문에 이들 학파가 종교적이라는 말도 있었습니다. 그들은 영원한 생명을 믿었고, 영혼을 깨끗하게 하기 위해서 수학을 사용하기도 했습니다.

아낙시만드로스

그들에게는 이론이 잘못되면 교리가 잘못되는 것과 같았습니다. 그래서 그들은 2의 제곱근이 무리수인 것을 철저히 비밀로 했으며, 수학사에서 오랫동안 논쟁이 되었던 부피의 2배 문제에 대해 본격적으로 논의를 시작하기도 했습니다.

이들이 말하는 우주론은 태양 중심설과 비슷했는데, 우주의 중심에 커다란 불덩어리가 놓여 있고 지구 반대편에 또 다른 지구가 존재한다는 가설이었습니다.

 **그리스의 아인슈타인, 아낙사고라스**

아낙사고라스

고대 그리스의 기하학에서 시작된, 작도(자와 컴퍼스만을 써서 주어진 조건에 알맞은 선이나 도형을 그림)가 불가능한 문제 3가지가 있습니다. 그중 하나가 하나의 원을 그려 놓고 자와 컴퍼스만으로 같은 면적의 정사각형을 그리는 것입니다. 이것이 바로 원적의 문제라는 것인데, 이 문제에 처음 도전한 사람이 고대 그리스의 철학자 아낙사고라스라고 합니다. 그러나 지금은 이것이 불가능하다는 결론이 내려졌습니다.

그런데 왜 아낙사고라스를 고대 그리스의 아인슈타인이라고 부르는 걸까요?

그것은 바로 그가 최초로 자연이 무엇으로 구성되어 있는지를 체계적으로 대답한 사람이기 때문입니다.

아낙사고라스는 물이 흐르고, 태양이 뜨고, 바람이 부는 것과 같은 모든 자연의 질서가 어떤 힘에 의해 유지되는지를 제시했는데, 그것을 '누스'라고 불렀습니다. 그는 세상에 있는 모든 물질은 언젠가는 다 사라지고 또다시 만들어지지만, 그래도 변하지 않고 영원히 존재하는 누스가 있다고 믿었습니다. 이러한 생각은 훗날 기독교의 중요한 바탕이 되기도 했습니다. 아낙사고라스의 주장은 세상 모든 것은 원래부터 존재하고 있었으며, 다만 그것을 이루는 요소들이 분리와 결합을 통해 변화한다는 것입니다. 분리되는 것이 소멸이고, 결합하는 것이 탄생이며, 우리의 생명도 이러한 원리를 따른다고 했습니다.

하지만 이런 생각은 신을 부정하는 것이어서 그리스로부터 추방당한 그는 결국 처참한 유배 생활을 하다가 최후를 맞이하게 됩니다. 아낙사고라스도 마치 갈릴레이처럼 과학이라는 학문에 대한 고집 때문에 수난을 당한 사람 중 한 명이었습니다.

피타고라스(왼쪽)에게 그림을 보여 주고 있는 아낙사고라스(오른쪽)

에렉테이온 신전의 시녀상들

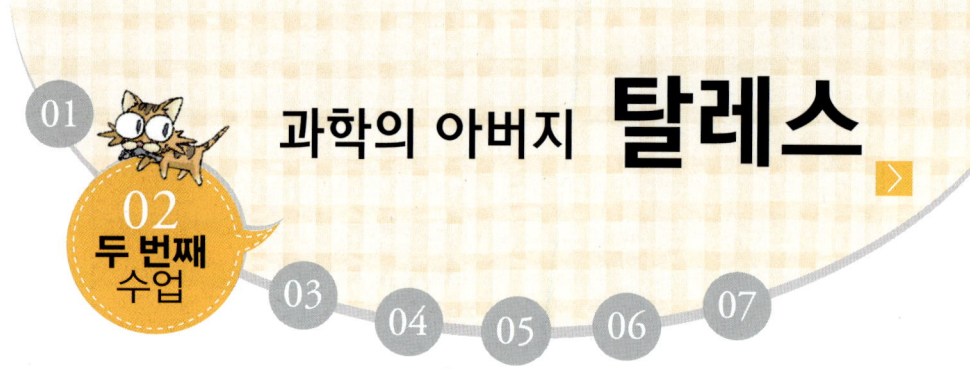

과학의 아버지 탈레스

02 두 번째 수업

카테고리

과학 블로그 2부
- 첫 번째 수업
- **두 번째 수업**
- 세 번째 수업
- 네 번째 수업
- 다섯 번째 수업
- 여섯 번째 수업
- 일곱 번째 수업

고대 그리스에서 나타난 최초의 자연철학파는 탈레스를 중심으로 한 밀레투스학파입니다. 이 학파는 만물이 무엇으로 이루어져 있는지에 대한 관심에서 출발했습니다.

탈레스는 만물의 근원이 되는 원소(아르케)가 물이라고 생각했습니다. 그러나 같은 학파의 아낙시만드로스는 아페이론이라는 무한한 그 무엇이라고 생각했고, 아낙시메네스는 공기라고 생각했습니다.

탈레스가 물이라고 주장한 근거는 다음과 같습니다. 물과 흙이 섞이면 흙물로 변하고, 흙물이 증발하면 흙만 남게 되며, 증발한 수증기를 가열하면 다시 물이 된다는 것입니다.

당시에 이처럼 자연 현상의 원인에 관심을 갖게 된 것은 도시국가들이 안정되면서 비실용적

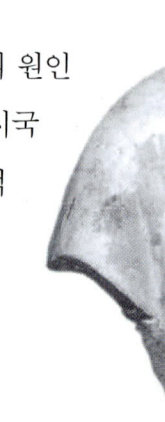

인 분야의 지식까지 추구할 만큼 여유가 생겼기 때문이었습니다. 이러한 분위기 속에서 탈레스는 아버지에게 물려받은 재산으로 이집트 등지를 여행하며 수학과 천문학을 배웠습니다.

만만한 과학용어 〔검색〕

아르케
그리스 초기 자연철학에서 말하는 만물이 나오고 다시 되돌아가는 만물의 근원이 되는 물질입니다. 탈레스는 물, 아낙시메네스는 공기라고 하는 등 철학자들마다 주장이 엇갈렸습니다. 훗날 아리스토텔레스가 자신의 주장을 펼치면서 이 말이 다시 사용되었습니다.

탈레스가 과학의 아버지라고 불리게 된 것은 배운 것에 만족하지 않고 한걸음 더 나아가 창조적인 생각을 했기 때문입니다. 그는 만물을 있는 그대로만 보지 않고 그 존재의 근원에 대해서까지 고민했습니다. 그리스 7현인 중 첫 번째로 꼽히는 이유도 그의 생각이 항상 최초였기 때문입니다. 그는 최초의 철학자이자, 최초의

기하학 확립자이고, 논증 수학의 아버지입니다.

탈레스의 일화 중 가장 대표적인 것이 일식에 대한 것입니다. 일식은 달이 지구를 공전하다가 태양 – 달 – 지구 순으로 배치되면서 일시적으로 태

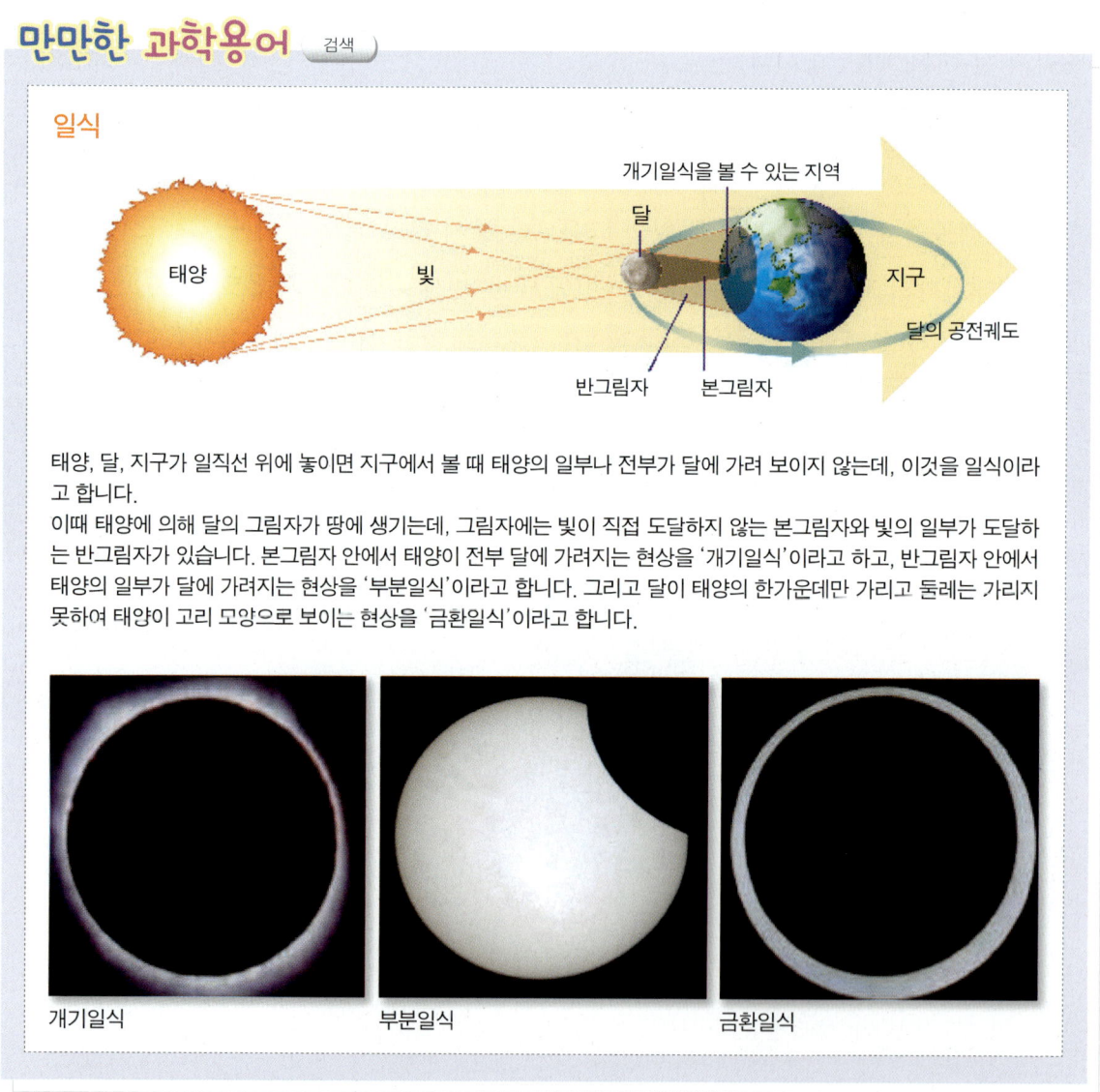

만만한 과학용어 검색

일식

태양, 달, 지구가 일직선 위에 놓이면 지구에서 볼 때 태양의 일부나 전부가 달에 가려 보이지 않는데, 이것을 일식이라고 합니다.

이때 태양에 의해 달의 그림자가 땅에 생기는데, 그림자에는 빛이 직접 도달하지 않는 본그림자와 빛의 일부가 도달하는 반그림자가 있습니다. 본그림자 안에서 태양이 전부 달에 가려지는 현상을 '개기일식'이라고 하고, 반그림자 안에서 태양의 일부가 달에 가려지는 현상을 '부분일식'이라고 합니다. 그리고 달이 태양의 한가운데만 가리고 둘레는 가리지 못하여 태양이 고리 모양으로 보이는 현상을 '금환일식'이라고 합니다.

양을 가리는 현상인데, 기원전 585년 어느 날 일식이 생길 것을 미리 안 탈레스는 전쟁터에 나가는 사람들에게 하늘에서 해가 사라질 것이라고 예언했습니다. 하지만 사람들은 이 말을 믿지 않고 전쟁을 시작했습니다. 전쟁이 한창 진행되던 중 갑자기 태양이 사라지고 세상이 어두워졌습니다. 그러자 사람들은 공포에 떨며 모두 도망치기 바빴고, 전쟁을 지휘하던 장군들도 신이 노여워하는 것이라 여기고 전쟁을 포기했습니다.

탈레스는 또 에라토스테네스가 지구의 크기를 측정한 것처럼 태양의 크기를 측정했습니다. 태양의 움직임을 관측하여 1년을 365일로 나누었는데, 지금처럼 컴퓨터나 제대로 된 측량 장비도 없이 이렇게 정확한 수치를 낸 것에 대해 놀라지 않을 수가 없습니다.

기하학이라는 학문의 체계를 잡은 사람도 탈레스입니다. 그는 이집트에서 배운 것을 기초로 많은 기하학 이론을 만들었습니다. 예를 들어 '원의 지름은 원의 넓이를 2등분 한다.', '이등변 삼각형의 두 밑각의 크기는 같다.', '두 직선이 교차할 때 그 맞꼭지각의 크기는 같다.', '반원의 원주각은 직각이다.' 등의 정리를 내놓은 사람이 바로 탈레스입니다.

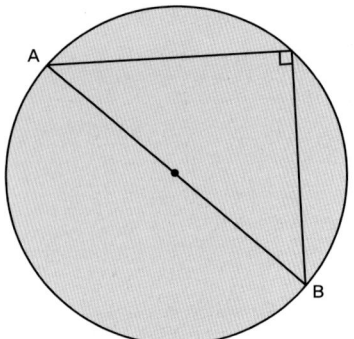

원의 지름은 원의 넓이를 이등분한다.
반원의 원주각은 직각이다.

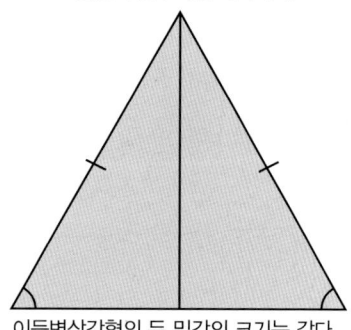

이등변삼각형의 두 밑각의 크기는 같다.

탈레스는 이러한 기하학 이론을 바탕으로 하여 이집트 피라미드의 높이를 재기 위해 고민하는 사람들에게 해결 방법을 알려 주기도 했습니다. 그가 사용한 방법은 막대를 세워 그림자와 막대의 길이가 같아지는 시점의 피라미드 그림자의 길이가 바로 피라미드의 높이와 같다는 논리였습니다.

두 직선이 교차할 때 그 맞꼭지각의 크기는 같다.

탈레스가 발견한 많은 법칙들은 지금도 여러 분야에서 이

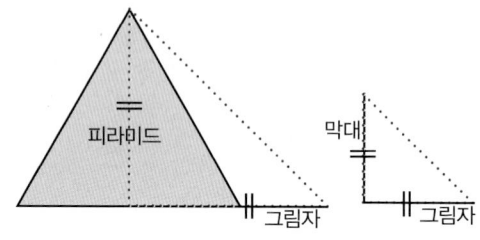

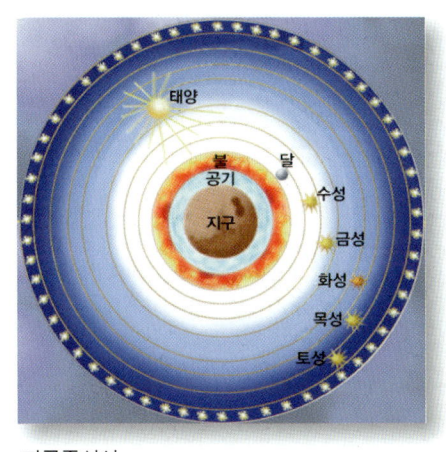

지구중심설

용되고 있지만, 그의 생각이 모두 옳았던 것은 아닙니다. 당시의 자연철학자들이 그랬던 것처럼 해와 달, 별들의 움직임만 보고 우리가 살고 있는 지구가 우주의 중심이라고 잘못 생각했습니다.

또 세상에 존재하는 모든 물질들이 물에서 비롯된 것이라고 주장하여 다른 과학자들마저 세상의 모든 물질을 기체나 불같이 우리가 보고 느낄 수 있는 것으로만 보도록 제한하는 결과를 낳았습니다. 그 결과 근대에 와서 과학이 새롭게 연구되기 전까지 더 이상의 발전은 없었습니다.

예언자 탈레스

그리스 사람들은 태양이 사라지는 것은 신이 인간에게 화를 내는 것이라고 생각했습니다. 그러므로 일식이 일어날 것이라는 탈레스의 예언은 당시로서는 매우 놀라운 사건이었습니다.

탈레스는 일식 외에도 하지, 춘분, 추분 등의 현상과 원인에 대해 설명했다고 합니다. 그러나 현재 그 기록은 남아 있지 않습니다.

탈레스 하면 또 빼놓을 수 없는 것이 천문학입니다. 그는 점성술을 믿지 않았지만 다른 그리스의 철학자들과 마찬가지로 하늘의 별자리에 대해 탐구했습니다.

당시 그리스 사람들은 12개의 대표적인 별자리를 정해 놓고 사람이 태어난 시기에 따라 성격과 운명을 이야기했습니다. 그러나 탈레스는 그런 것에는 관심이 없고, 오로지 항해사들이 어떤 별자리를 보고 방향을 잡아 항해를 하면 좋을지에 대해서만 관심을 가졌습니다.

당시 그리스의 항해사들은 길잡이 별로 큰곰자리를 이용했는데, 탈레스는 하늘에서 제일 밝은 별인 북극성이 있는 작은곰자리를 발견하고 그 별을 추천하기도 했습니다.

큰곰자리

작은곰자리

닮은 삼각형

어느 날 상인 몇 사람이 탈레스를 찾아왔습니다. 그들은 탈레스에게 바다 위의 배에서 해안까지의 거리를 알 수 있는 방법이 없겠느냐고 물었습니다. 그때까지만 해도 항구를 떠나는 배나 들어오는 배가 대충 얼마나 떨어져 있는지는 알지만 정확한 거리를 계산하는 방법은 몰랐습니다.

탈레스는 이 거리를 정확하게 구하기 위해 닮은 삼각형의 성질, 즉 '닮은 두 삼각형에서 한 삼각형의 두 변의 길이의 비가 다른 삼각형의 대응하는 두 변의 길이의 비와 같다.'라는 성질을 이용했습니다. 아래의 그림을 보면 쉽게 이해할 수 있을 것입니다.

먼저 육지의 아무 데나 두 점 A, B를 찍고 배와 한 점에서 만나도록 직선을 긋습니다.

그런 다음 배와 점 A가 연결된 선과 직각인 직선을 긋고, 점 B에서 그 선과 직각으로 만나는 직선을 그으면 두 개의 닮은 삼각형이 만들어집니다.

이 두 삼각형에서 육지 부분에 있는 ①~③의 길이를 잰 다음 대응하는 변의 길이의 비를 구하면 육지에서 배까지의 거리를 구할 수 있습니다.

② : ③ = ① : x

이렇게 해서 항해사들과 상인들은 배까지의 거리를 쉽게 구할 수 있게 되었습니다.

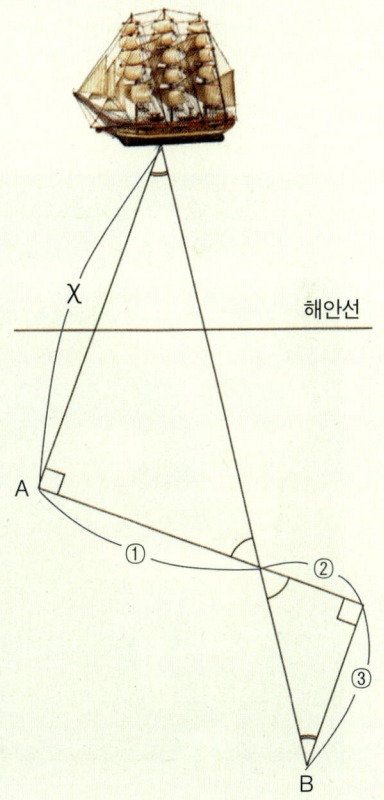

지구의 둘레를 잰 에라토스테네스

지구 둘레의 길이를 맨 처음으로 계산한 사람은 지금으로부터 약 2,000년 전에 살았던 그리스의 에라토스테네스라는 사람입니다.

아테네에서 살다가 이집트로 옮겨가 알렉산드리아의 도서관을 책임지고 있던 그는 어느 날 책을 읽다가 한 가지 흥미로운 사실을 알게 되었습니다. 그것은 이집트 시에네에서 하짓날 정오가 되면 햇빛이 깊은 우물 속까지 비친다는 것이었습니다. 이는 하짓날 정오에는 해가 머리 바로 위에서 수직으로 비치기 때문에 땅에 막대를 수직으로 세우면 그림자가 생기지 않는 것과 같은 이치입니다.

그러나 같은 시각에 시에네로부터 약 5,000스타디아(925킬로미터) 떨어져 있는 알렉산드리아에서 땅에 수직으로 막대를 세워 막대와 그림자의 끝이 이루는 각의 크기를 쟀더니 약 7.2도였습니다.

에라토스테네스

에라토스테네스의 지구 둘레 측정

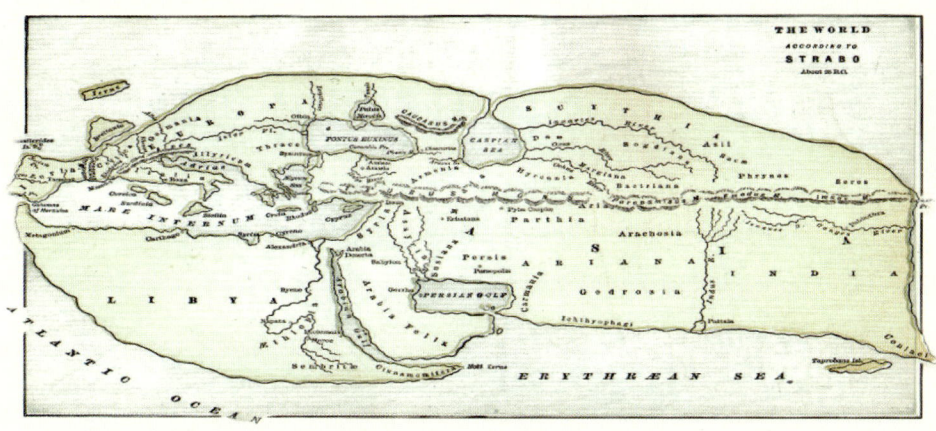

에라토스테네스의 세계지도

  이 두 도시는 거의 같은 자오선 위에 있어서 그림처럼 막대와 그림자가 이루는 각은 두 도시 사이의 거리에 대한 지구의 중심각과 같습니다. 따라서 지구 둘레의 길이를 X라 하면, 7.2도 : 360도 = 5,000스타디아 : x 인 관계가 성립하게 됩니다. 이렇게 계산해서 나온 값은 25만 스타디아였습니다. 지금의 단위로 환산하면 약 3만 9,690킬로미터입니다. 오늘날 정밀한 과학 기구로 측정한 값보다 불과 430킬로미터 정도 작은 값이었습니다.

  그는 또한 역사상 가장 효과적으로 소수를 찾아내는 방법도 알아냈습니다. 그의 방법은 체를 이용해 걸러 내듯 숫자를 걸러 소수만을 건져 낸다는 의미로 '에라토스테네스의 체'라고 부릅니다. 소수에 관한 에라토스테네스의 아이디어는 오늘날의 수학책에도 나와 있을 정도로 기발한 것이었습니다. 다음은 1부터 100까지의 자연수에 관한 에라토스테네스의 체입니다.

먼저 1을 지우고 2의 배수를 지워 나갑니다. 또 3의 배수도 지워 나갑니다. 5의 배수도 지웁니다. 이처럼 각 배수를 지워 나가다 보면 2, 3, 5, 7, 11, 13, 17… 같은 수가 남게 되는데, 이것이 소수입니다. 소수는 무수히 많다고 알려져 있으나, 어떤 자연수가 소수인지 아닌지 알아내는 방법은 현재 이 방법 외에는 알려진 것이 없습니다.

에라토스테네스의 체

쉿! 상위 1%로 가는 비밀 수업 과학 블로그

수를 사랑한 수학자
피타고라스

03 세 번째 수업

카테고리

과학 블로그 2부
- 첫 번째 수업
- 두 번째 수업
- **세 번째 수업**
- 네 번째 수업
- 다섯 번째 수업
- 여섯 번째 수업
- 일곱 번째 수업

중학교에 입학하면 '피타고라스의 정리'라는 것을 배웁니다. 피타고라스의 정리란 '직각삼각형에서 직각을 낀 두 변의 길이의 제곱의 합은 빗변의 길이를 제곱한 값과 같다.'라는 것입니다. 피타고라스가 처음 증명했다 하여 이렇게 불리는데, 이것은 후세에 많은 영향을 미쳤습니다.

피타고라스

피타고라스는 그리스 동남부에 있는 사모스 섬 출신의 철학자입니다. 그는 젊은 시절에 인도와 바빌로니아 등을 여행하면서 고대 문명의 유산들에 대해 공부했습니다. 사실 피타고라스의 정리는 그가 태어나기 약 천 년 전부터 메소포타미아 지역에서 사용되던 개념이었습니다. 그가 이러한 메소포타미아의 기하학 이론을 정리할 수 있었던 것은 이집트에서 공부하면서부터입니다. 그는 이집트에서 배운 기하학 이론을 가지고 피타고라스의 정리를 만들어 냈습니다.

또한, 그는 인도를 여행하면서 인도 불교로부터 많은 영향을 받았습니다. 그래서인지 피타고라스학파는 종교적인 성격도 갖고 있었다고 합니다. 피타고라스학파란 기원전 6세기부터 피타고라스와 그의 철학을 계승하여 활동한 학파인데, 수학 분야에서 많은 업적을 남겼습니다. 그리고 오랜 여행을 마치고 30여 년 만에 그리스로 돌아온 그는 '형제회'라는 조직을 만들어 신비한 수의 비밀을 전수해 주었습니다.

만만한 과학용어 검색

피타고라스의 정리

직각삼각형의 세 변에 관한 수학 정리로, 그 내용은 다음과 같습니다.
임의의 직각삼각형에서 빗변을 한 변으로 하는 정사각형의 넓이는 다른 두 변을 각각의 변으로 하는 정사각형의 넓이의 합과 같다. 이때 빗변의 길이를 c, 다른 두 변의 길이를 각각 a, b 라고 하면 다음과 같은 식으로 정리할 수 있습니다.

$a^2 + b^2 = c^2$

이것은 직각삼각형의 두 변의 길이를 알면 나머지 한 변의 길이를 계산할 수 있음을 뜻합니다.
이 성질은 지구처럼 둥근 면에서는 성립되지 않고 평평한 평면 위에 있는 임의의 직각삼각형에 대해서만 성립합니다.

만만한 과학용어 〔검색〕

플림프톤 322

메소포타미아의 직각삼각형
컬럼비아 대학교의 도서관에 있는 이 점토판은 고대 메소포타미아 문명을 이끈 바빌로니아 수학과 관련된 것으로 '플림프톤 322'라고 부릅니다.
여기에는 직각삼각형에 대한 여러 가지 예가 쐐기문자로 적혀 있습니다. 그것은 매우 놀라운 발견이었습니다. 피타고라스가 태어나기 무려 천 년 전에 이미 바빌로니아 사람들은 피타고라스의 정리를 사용하고 있었던 것입니다.

피타고라스는 탈레스의 제자로도 알려져 있습니다. 그러나 그가 탈레스의 생각을 그대로 따른 것은 아니었습니다. 예를 들어 탈레스는 지구가

평평하다고 생각했지만, 피타고라스는 지구는 둥글고 공간 속에 떠 있다고 생각했습니다. 또한, 가만히 정지해 있지 않고 지구와 태양, 별들이 원 궤도를 돌고 있다고 생각했습니다. 달은 태양의 빛을 받아 밝아진 것이라고도 했습니다. 그의 주장은 탈레스의 생각에서 한걸음 더 발전한 것이라고 볼 수 있습니다.

또 탈레스가 만물의 근원을 물로 보았다면 피타고라스는 만물의 근원이 숫자라고 생각했습니다. 그는 1이 숫자의 근원이며, 모든 만물은 1에서 나온 것이라고 했습니다. 그리고 이 세상이 수의 질서나 비례에 의한 음악적인 질서를 가지고 있다고 여겼습니다. 1로부터 2가 만들어지고, 이러한 수를 바탕으로 점·선·면·입체가 만들어지며, 물·불·흙·공기라는 4가지 원소가 서로 순환하면서 세계를 만들어 간다고 생각한 것입니다.

피타고라스가 죽고 나자 그의 이론들은 플라톤과 유클리드를 통해 현대에까지 전파되었습니다.

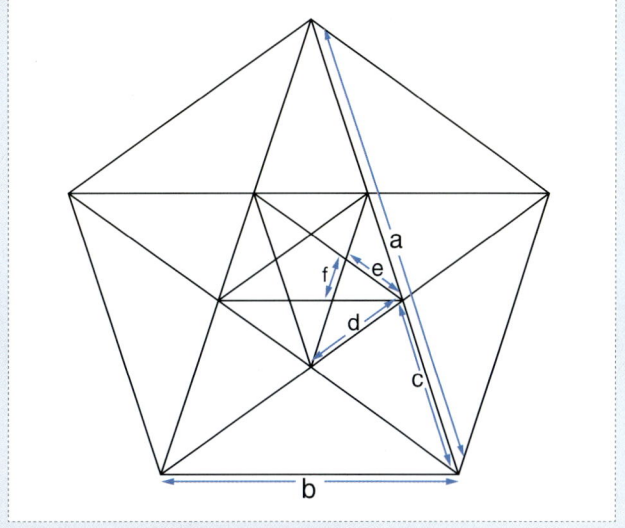

만만한 과학용어 검색

피타고라스의 오각형

아래의 도형은 피타고라스학파의 상징으로 황금비를 이용하여 그린 별 모양입니다.
오각형의 두 꼭짓점을 이은 가장 긴 a는 b와 1.618 : 1의 비율이고 b는 c와 1.618 : 1의 비율입니다. 마찬가지로 c와 d도 같은 비율이며, d와 e, e와 f도 1.618 : 1의 비율입니다.

죽음을 부른 $\sqrt{2}$의 비밀

피타고라스학파는 일찍부터 만물은 수로 되어 있다고 생각하고 삼각수, 사각수 등 기하학적인 수를 찾았습니다.

피타고라스학파가 생각한 만물을 이루는 수는 1, 2, 3 … 과 같은 자연수를 말합니다. 그런데 뜻밖에도 그 발견을 기념해 제우스 신전의 제단에 황소까지 바친 것으로 알려진 '피타고라스의 정리' 때문에 모순에 부딪히기 시작했습니다. 그것은 빗변을 제외한 길이가 모두 1인 직각이등변삼각형의 경우 빗변의 길이가 $\sqrt{2}$로서, 이를 표현할 수 있는 자연수가 존재하지 않는다는 것입니다. 피타고라스학파에 의해 유리수가 아닌 무리수가 최초로 발견된 것입니다. 피타고라스학파는 이 사실을 알고서 큰 충격을 받았습니다. 결국, 그들은 자연수만으로 만물을 설명할 수 있다는 믿음이 흔들릴까 봐 두려워 무리수의 발견을 철저히 비밀에 부치기로 했습니다. 그리고 한편으로는 $\sqrt{2}$를 자연수로 만들어진 분수로 나타내려고 애썼으며, $\sqrt{2}$는 수가 아니라고 설명하기도 했습니다.

그러나 피타고라스학파의 한 사람인 히파수스가 이 사실을 사람들에게 얘기하는 바람에 외부에 알려지게 되었습니다. 결국, 그는 동료들에 의해 바다에 빠뜨려졌다고 합니다. 이처럼 피타고라스학파는 자신들의 신념 때문에 아주 중요한 수학적 발견을 감추기에 급급했습니다.

마법의 수와 신성한 수

피타고라스는 수학적 특성을 지닌 몇 개의 수에 매료되었다고 합니다. 그중 하나가 마법의 수 7이었습니다. 7은 2와 10 사이의 수 중에서 유일하게 다른 두 수의 곱으로 만들어지지 않고 나누어 떨어지지 않는 수입니다. 다른 수들은 2×4=8, 10÷2=5, 6÷2=3, 3×3=9처럼 나타낼 수 있습니다.

그리고 16과 18에 대해서도 말하기를, 16은 각 변의 길이가 4인 정사각형의 넓이와 둘레의 길이를 동시에 나타내는 수이고, 18은 마주 보는 두 변의 길이가 각각 3과 6인 직사각형의 넓이와 둘레의 길이를 동시에 나타내는 유일한 수라고 했습니다.

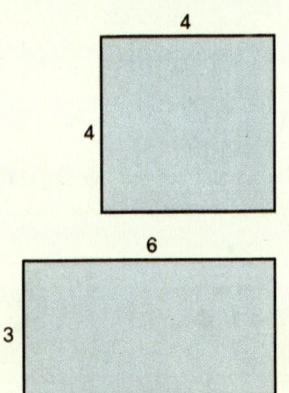

라파엘로가 그린 〈아테네 학당〉에서 피타고라스 앞에 신성한 수가 기록된 칠판이 있는데, 여기에 쓰인 수는 10입니다. 10은 세상의 모든 것을 표현할 수 있는 수라는 1, 2, 3, 4의 합으로 만들어진 수입니다.

실제로 1은 하나의 점으로 0차원을 뜻하고, 2는 2개의 점을 연결하여 하나의 선으로 나타내 1차원을 표현합니다. 또한, 3은 점 3개로 만든 면으로 2차원 삼각형을 이루고, 4는 점 4개가 되어 3차원의 피라미드가 만들어집니다. 이러한 이유 때문에 10은 신성한 수라고 합니다.

 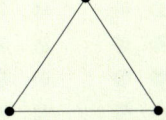 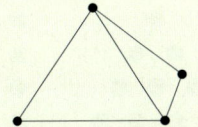

피타고라스의 도형수

피타고라스는 수를 별자리 같은 점의 집합으로 생각해서 수와 도형 사이의 관계를 매우 중요하게 생각했습니다. 그래서 그는 기하학적인 모양으로 배열되는 점의 개수로 세 도형수를 분류하는 일에 관심을 가졌습니다.

3, 6, 10과 같이 삼각형 모양을 이루도록 배열되는 점의 수를 '삼각수'라고 불렀고 4, 9, 16처럼 정사각형 모양으로 배열되는 점의 수를 '정사각수'라고 불렀습니다. 6, 12, 20과 같은 수는 정사각수에서 점을 한 줄 더 배열하여 직사각형 모양을 이루는 '직사각수'입니다.

피타고라스는 오각수와 육각수에 대해서도 연구했으며, 정사각수는 서로 다른 2개의 삼각수의 합으로 나타냈고, 직사각수는 2개의 같은 삼각수를 합해서 만든 것임을 증명해 보였습니다.

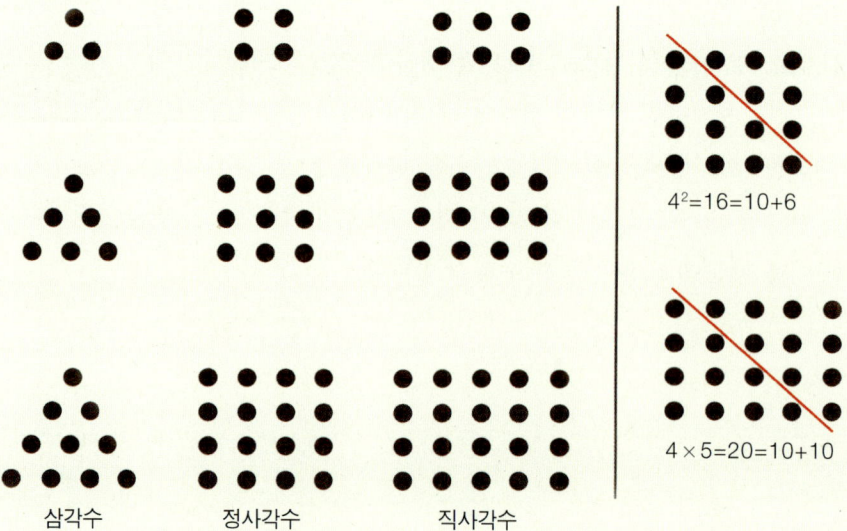

피타고라스의 정다면체

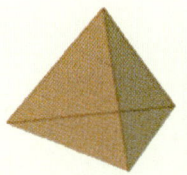  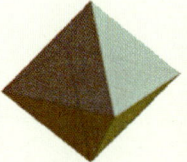  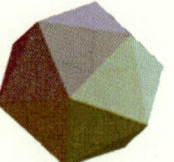

정사면체   정육면체   정팔면체   정십이면체   정이십면체

피타고라스가 찾아낸 정다면체는 정다각형과 전혀 다릅니다. 정삼각형, 정사각형, 정오각형 같은 정다각형은 변의 길이가 같은 2차원 도형이지만, 정다면체는 면이 모두 합동인 3차원 도형입니다.

피타고라스 이전의 그리스에서는 정사면체, 정육면체, 정십이면체만 알고 있었습니다. 그런데 그는 8개의 정삼각형과 20개의 정삼각형을 붙이면 전혀 다른 정다면체가 된다는 것을 증명했습니다. 피타고라스는 이것을 '정팔면체'와 '정이십면체'라고 불렀습니다. 또한, 이 외에는 더 이상 정다면체가 존재하지 않는다는 것도 증명했습니다.

피타고라스의 다면체 이론은 플라톤에서 중요한 개념으로 발전했습니다. 플라톤은 우주를 구성하는 4가지 물질을 불, 흙, 공기, 물이라고 이야기하며 정다면체에 비유해 설명했습니다.

가장 날카롭고 가벼운 원소인 불은 정사면체, 가장 안정된 원소인 흙은 정육면체, 공기는 정팔면체, 가장 활동적이며 유동적인 물은 정십이면체, 그리고 우주 전체는 정이십면체라고 했습니다.

쉿! 상위 1%로 가는 비밀 수업 과학 블로그 내 블로그 | 바로가기 | Login

원자론의 아버지
데모크리토스

04 네 번째 수업

01 02 03 05 06 07

카테고리

과학 블로그 2부
- 첫 번째 수업
- 두 번째 수업
- 세 번째 수업
- **네 번째 수업**
- 다섯 번째 수업
- 여섯 번째 수업
- 일곱 번째 수업

고대 그리스에서는 가장 일반적으로 불, 공기, 물, 흙이 세상을 이루는 근본 물질이라고 이야기했습니다. 이것을 4원소설이라고 합니다. 그런데 플라톤과 아리스토텔레스는 이 4원소에 5번째 원소를 더해 5원소설을 내놓았습니다.

플라톤은 당시 불멸의 원소라고 알려진 에테르가 제 5원소라고 했습니다. 하지만 현대 과학에서 제5원소는 존재하지 않는 것으로 밝혀졌습니다.

아리스토텔레스 이후 이러한

플라톤(왼쪽)과 아리스토텔레스(오른쪽)

물질에 대한 생각을 발전시킨 사람들이 바로 데모크리토스를 중심으로 한 원자론학파입니다. 데모크리토스는 '물질은 더 이상 쪼갤 수 없는 입자로 되어 있다.'라고 생각했습니다. 원자를 뜻하는 아톰(atom)은 그리스 어로 '더 이상 쪼갤 수 없다.'라는 뜻을 가지고 있습니다.

레우키포스

고대 그리스의 철학자로 기원전 5세기경 밀레투스에서 활동했습니다. 원자론의 제창자라고 알려진 그는 그의 제자 데모크리토스와 매우 비슷한 주장을 펼쳤습니다. 그의 이론에 따르면, 사물은 더 이상 쪼갤 수 없는 끝없이 작은 원자들로 이루어져 있으며, 이 원자들은 끊임없이 움직이며 서로 부딪혀 새로운 물질을 만들어 낸다고 합니다.
우주도 이러한 움직임으로 원자들이 충돌해서 생겨난다고 했으며, 마치 북처럼 생긴 지구는 우주의 중심에 자리 잡고 있다고 했습니다.

데모크리토스는 스승인 레우키포스와 함께 고대의 원자론을 만들어 냈습니다. 그가 말한 원자는 너무 작아서 보이지 않는 물질로서 일정한 크기가 있고, 사라지지도 않으며, 더 이상 나눌 수도 없다고 했습니다.

119

그가 생각한 원자를 금에 비유하면, 금을 작은 조각으로 계속해서 자르면 금의 성질은 그대로 가지고 있으면서도 더 이상 자를 수 없는 조그만 금 알갱이가 될 것이라고 생각한 것입니다. 모양과 크기만 달라졌을 뿐 성질은 그대로 존재한다는 것입니다.

데모크리토스는 우주도 원자에 의해 만들어진 것이라고 생각했습니다. 우주의 물질은 크기와 형태가 다른 원자로 만들어졌는데 그중 무겁고 큰 것은 아래로 가라앉아 땅이 되었고, 가벼운 것은 위로 올라가 공기·불·하늘이 되었다는 것입니다. 그는 이 원자가 끝도 없는 공간에서 서로 부딪히다 결합해 세상을 만드는 모든 물질이 된다고 믿었습니다. 그리고 그 원자가 분리되면 만물은 사라진다고 했습니다. 그러나 이러한 그의 생각에 어떠한 과학적 증거가 있는 것은 아니었습니다. 그가 죽은 지 약 2,000년이 지나서야 과학적 검토가 이루어지기 시작했습니다. 영국의 화학자 보일을 고대의 4원소설을 거부하고 새로운 개념을 내놓았습니다. 모든 물질은 그것을 분해했을 때 더

데모크리토스

이상 분해할 수 없는 원시적이면서 단순한 물질에 도달하는데, 이것이 바로 원소라는 것입니다.

사실 보일의 주장 이전의 고대 철학자나 연금술사는 상상 속에서 추리에 의해 원소와 원자라는 개념을 생각했는데, 보일 이후에는 상당한 과학적 근거를 갖고 원소를 설명하기 시작했습니다.

who are you? 검색

보일

1627년에 영국에서 태어난 자연철학자이자 화학자이며 물리학자입니다. 우리에게는 '보일의 법칙'으로 널리 알려져 있는데, 보일의 연구와 철학은 원래 중세 이후 내려온 연금술이라는 전통에서 출발했습니다. 그의 연구가 중요한 것은 근대 화학의 기초를 세웠기 때문입니다. 특히 그가 쓴 《의심 많은 화학자》라는 책은 화학의 기반을 마련했습니다.

현대의 원자론

고대의 철학자들부터 현대의 우리들까지 누구나 궁금해 하는 것이 있습니다. 과연 물질은 무엇으로 이루어져 있는가 하는 것입니다.

이 궁금증은 데모크리토스 이후 2,000여 년이 지나 돌턴에 의해 체계적으로 연구되기 시작했습니다. 원자 내부에 전기를 띤 전자가 있다는 것이 알려지면서 데모크리토스가 얘기한 더 이상 쪼개질 수 없는 것이 원자라는 주장은 더 이상 설 자리가 없어졌습니다. 이제 사람들은 진짜 근본 물질이 무엇인가를 찾아가기 시작했습니다.

이러한 연구에서 맨 처음 눈에 띄는 성과를 낸 사람은 러더퍼드였습니다. 그는 실험을 통해 최초로 원자입자라는 것을 알아냈습니다. 그의 연구 이후 수많은 사람이 원자가 어떻게 생겼는지를 연구했고, 그것을 증명하기 위해 많은 실험을 했습니다. 오늘날에는 원자의 생김새와 원자의 핵을 구성하는 것이 무엇인지도 밝혀지고 있습니다.

이러한 발전이 가능했던 것은 입자가속기라는 것이 나오면서부터입니다. 입자가속기는 입자를 빠른 속력으로 움직이게 해서 충돌시킨 다음 깨뜨려 그 안을 확인할 수 있게 하는 기계입니다. 앞으로 아직까지 발견하지 못한 원자 내부의 수수께끼도 이 입자가속기로 조금씩 풀릴 것으로 보입니다.

  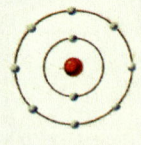  

돌턴 모델　　톰슨 모델　　러더퍼드 모델　　보어 모델　　현대적 모델

여러 가지 원자 모델

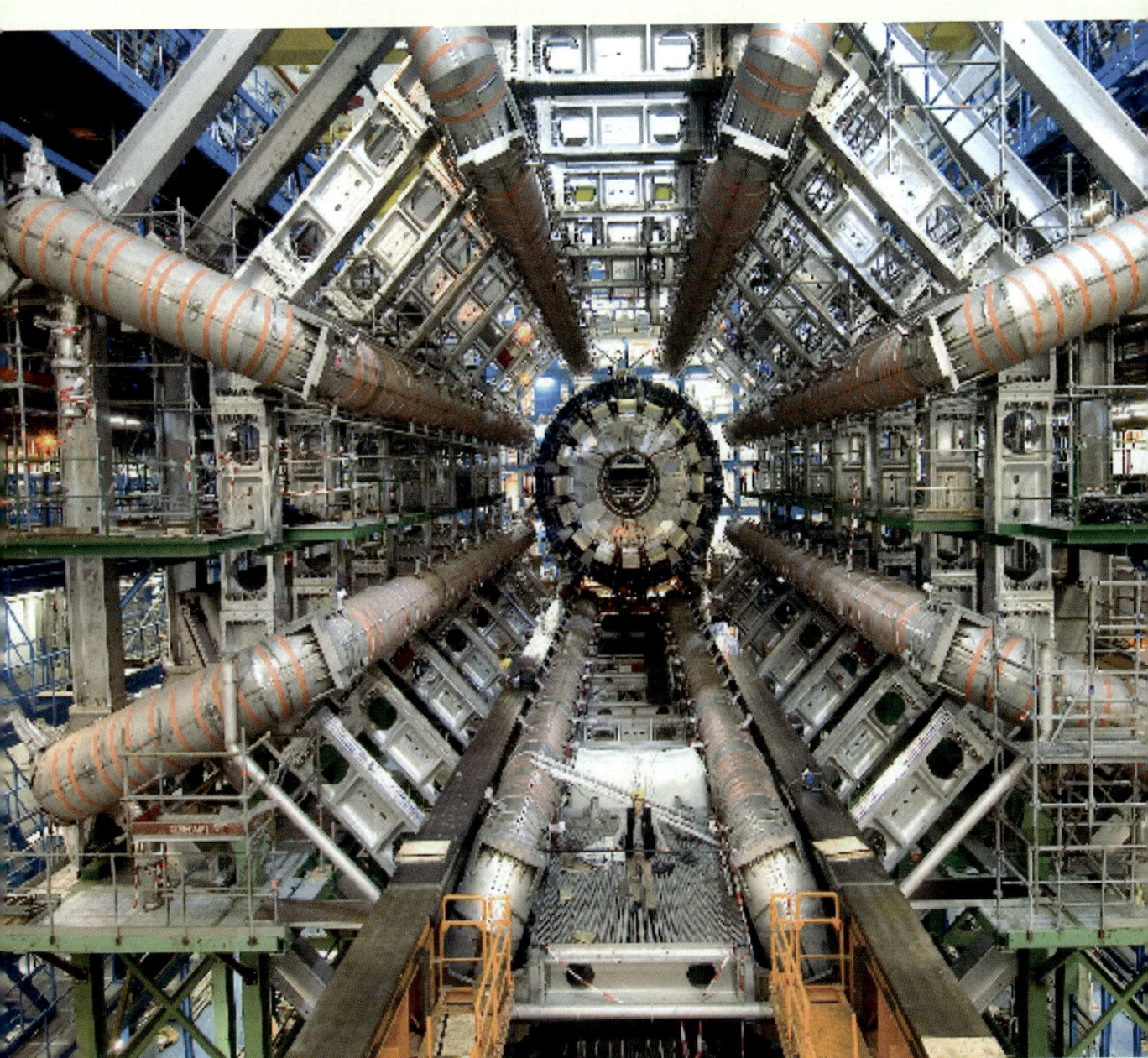

미항공우주국(NASA)의 입자가속기

세상에 과학을 선물한 아리스토텔레스

05 다섯 번째 수업

아리스토텔레스

카테고리

과학 블로그 2부
- 첫 번째 수업
- 두 번째 수업
- 세 번째 수업
- 네 번째 수업
- 다섯 번째 수업
- 여섯 번째 수업
- 일곱 번째 수업

고대 그리스의 철학자 중에서 후세에 가장 큰 영향력을 미친 사람은 아리스토텔레스입니다. 그는 기원전 384년에 지금의 발칸 반도에 있던 마케도니아의 스타게이로스라는 작은 도시에서 태어났습니다.

아리스토텔레스의 아버지는 마케도니아의 의사였습니다. 그래서 그는 어렸을 때부터 의학과 해부학 등 과학에 관심이 많았습니다. 그가 생물학에 관심이 많았던 것도 이러한 환경에서 자랐기 때문에 가능한 것이었습니다.

그는 특히 해양 생물에 관심이 많아서 120종에 이르는 어류와 60종의 곤충을 포함해 모두 500종이 넘는 동물을 분류하고 관찰했습니다. 그가 분류한 생물은 18세기에 린네가 생물의 분류를 학문으로 발전시킬 때까지 2,000년 이상 사용되었습니다.

아리스토텔레스가 플라톤이 철학을 가르치던 아카데미아에 들어간 것은 17세 때의 일입니다. 그는 그곳에서 스승인 플라톤을 뛰어넘을 정도로 뛰어난 학생이었습니다. 그러나 항상 플라톤에 대한 존경심을 잃지 않았다고 합니다.

아리스토텔레스가 아카데미아에 있을 당시 그곳에는 여러 방면에서 뛰어난

who are you? 검색

린네

스웨덴의 식물학자입니다. 처음으로 생물의 학명을 속명과 종명으로 나타내는 이명법을 만들어 생물의 이름을 붙이는 일정한 원칙을 제시했습니다.

보좌 신부의 아들로 태어난 그는 어렸을 때부터 수도원에서 자라 꽃을 좋아했습니다. 그의 재능은 어렸을 때부터 드러나 8세가 되었을 때 이미 '꼬마 식물학자'로 불리기도 했습니다. 이후 룬드에서 공부하고 웁살라 대학교에서 의학 학위를 받았습니다.

스웨덴의 100크로네 지폐에 그려진 린네

만만한 과학용어 　검색

아테네 학당

이탈리아 화가인 라파엘로의 그림으로 미켈란젤로의 영향을 받은 전성기 르네상스의 대표적인 작품입니다.
당시의 교황인 율리우스 2세가 요청하여 바티칸 궁전에 있는 4개의 방에 그린 벽화 중 하나입니다. 〈아테네 학당〉은 플라톤과 아리스토텔레스를 중심에 두고 고대 그리스의 철학자들과 과학자들, 수학자들이 모여 토론하고 연구하는 모습을 그린 작품입니다.

〈아테네 학당〉 일부분

학자들이 모여 있었습니다. 그는 자연스럽게 그들의 학문을 접하게 되었고 더욱 깊이 있는 학문을 할 수 있었습니다.

그의 학문에 대한 생각은 라파엘로가 그린 〈아테네 학당〉을 보아도 알 수 있습니다. 플라톤은 손을 들어 하늘을 가리키고 있고 아리스토텔레스는 땅을 가리키고 있는데, 이것은 그가 플라톤이 가리킨 이데아에 그다지 관심이 없었을 뿐만 아니라 신을 믿지도 않았음을 나타냅니다. 그는 오로지 인간과 자연에 대해 연구하고 보다 현실적인 사상을 찾기 위해 노력했습니다.

아리스토텔레스는 마케도니아의 알렉산더 대왕의 스승으로도 잘 알려져 있습니다. 그는 마케도니아의 수도인 펠라의 궁전에서 알렉산더 대왕에게 윤리학, 철학, 정치학, 문학, 의학, 자연과학 등을 가르쳤다

알렉산더 대왕의 모습이 새겨진 마케도니아의 동전

고 합니다.

알렉산더가 죽은 뒤 그가 50세가 되던 해에는 자신의 학문을 정리하고 제자들과 함께 소요학파라는 철학파를 만들었습니다. 또한, 자연과학을 경험을 통해 연구하도록 가르치기 위해 리케이온이라는 학원도 만들었습니다. 특히 이곳에서 진행한 연구들로 인해 아리스토텔레스는 자연철학을 집대성한 철학자로 인정받게 되었습니다.

그는 생물학 분야에서도 이전과는 확실히 다른 태도를 보였습니다. 예리한 관찰, 정확한 기술, 세심한 분류는 과학자로서의 뛰어난 자질을 말해 주고 있습니다. 아리스토텔레스는 분명 그리스 초기에 상상으로만 추정하던 과학을 비판하고 한발 더 나아가 새로운 체계를 건설한 위대한 과학자임이 틀림없습니다.

알렉산더 대왕

마케도니아의 왕 알렉산더 3세는 지중해를 중심으로 한 여러 나라와 페르시아 제국을 무너뜨리고 마케도니아의 군사력을 인도까지 진출시켜 대제국을 건설했습니다.
그가 정복한 지역에 수많은 도시를 건설함으로써 동양과 서양 간의 교류가 더 많아졌으며, 경제적으로도 풍요로워졌습니다. 그리고 무엇보다 중요한 것은 그리스 문화와 동양의 오리엔트 문화가 만나 새로이 헬레니즘 문화를 이룩했다는 것입니다. 그러나 그가 죽은 뒤에 대제국은 다시 여러 나라로 갈라지고 말았습니다.

알렉산더 대왕의 모습이 그려진 벽화

그가 연구한 것들은 근대 과학이 태동한 17세기까지 유럽의 모든 학문에서 중요한 기초로 자리 잡았습니다. 그러나 그의 자리가 영원한 것은 아니었습니다. 그의 학문이 무려 2,000년 동안이나 절대적인 진리로 받아들여지면서 과학의 발전이 늦어진 사실은 부정할 수 없습니다.

그를 부정하고 인류가 한발 더 앞서 나가게 된 것은 근대 과학이 태동

만만한 과학용어 검색

리케이온

아리스토텔레스가 아테네에 세운 학원입니다. 숲을 산책하면서 제자들을 가르쳤기 때문에 이곳에서 배운 제자들을 소요학파 (Peripatetics: peri는 '둘레', patein은 '걷다'라는 뜻)라고 불렀습니다. 페리파토스(peripatos)는 리케이온의 지붕이 있는 산책로를 부르는 이름이었습니다. 지금까지 전해지고 있는 아리스토텔레스의 기록들은 대부분 리케이온에서 제자들을 가르친 자료들을 모아 만든 것입니다.

한 이후부터입니다. 코페르니쿠스, 갈릴레이, 뉴턴, 하비와 같이 근대 과학을 이끈 과학자들은 아리스토텔레스의 학문에서 벗어나 좀 더 진실에 다가가기 위해 노력한 사람들이었습니다.

생물학자 아리스토텔레스

아리스토텔레스가 쓴 책 중에서 가장 많이 남아 있는 분야는 아마도 생물학 관련 책일 것입니다.

아리스토텔레스는 생물학 중에서도 동물 연구에 관심이 많았습니다. 무려 500종이 넘는 동물에 대해 연구했으며, 직접 동물을 해부하는가 하면, 고래와 물고기의 차이에 대해서도 이야기했습니다. 그의 연구 가운데서도 특히 '별상어와 돔발상어'에 관한 연구는 놀랄 만큼 정확했습니다.

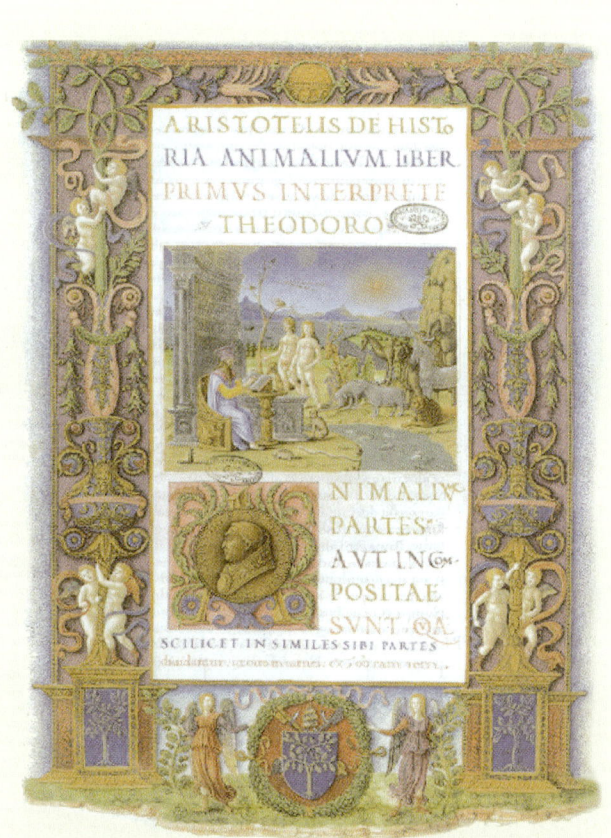

바티칸 도서관에 있는 아리스토텔레스의 생물학 저서(15세기 필사본)

그 증거는 1842년 뮐러가 쓴 《아리스토텔레스의 매끄러운 상어에 관해서》라는 논문에서 밝혀졌습니다. 그 내용을 보면 겉으로 보기에 상어는 새끼를 낳는 것 같지만, 사실은 알이 뱃속에서 부화하여 새끼로 나온다는 것입니다. 그 옛날 아리스토텔레스는 이런 미묘한 차이까지도 알고 있을 만큼 생물학 관련 지식이 풍부했습니다.

아리스토텔레스의 우주

아리스토텔레스가 생각하는 우주에는 플라톤이 말한 이데아는 없으며, 우주의 시작도 존재하지 않는 영원한 우주입니다. 이러한 그의 사상은 훗날 신이 인간과 우주를 창조했다는 기독교의 사상과 충돌했습니다.

아리스토텔레스의 우주에는 하늘과 땅이 확실히 구별되어 있었습니다. 하늘은 결코 변하지 않는 것이고 완전한 것이며, 땅은 항상 변화하고 불완전하다고 주장했습니다.

하늘과 땅의 두 세계를 이루고 있는 원소도 서로 다르다고 했습니다. 그가 생각한 땅은 흙, 물, 공기, 불의 4원소로 이루어져 있지만, 하늘은 제5원소인 에테르로 이루어져 있다고 했습니다.

이 두 세계에서 일어나는 운동에도 서로 차이가 났습니다. 즉 지상계에서는 주로 시작과 끝이 있는 직선운동을 하지만, 천상계에서는 시작도 끝도 없이 일정한 속도로 원운동을 하고 있다고 했습니다.

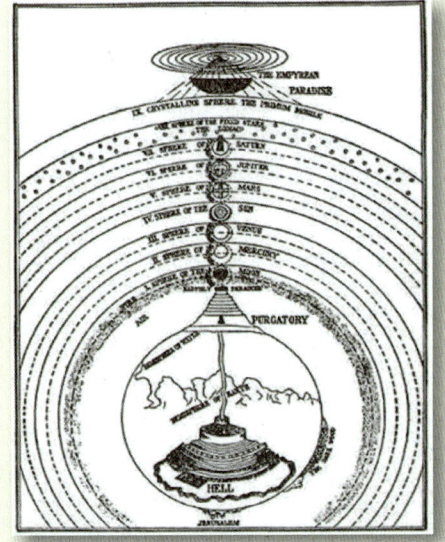

아리스토텔레스가 생각한 우주 모형

수학의 마법사 유클리드

06 여섯 번째 수업

카테고리

과학 블로그 2부
- 첫 번째 수업
- 두 번째 수업
- 세 번째 수업
- 네 번째 수업
- 다섯 번째 수업
- **여섯 번째 수업**
- 일곱 번째 수업

컴퍼스를 들고 설명하고 있는 유클리드

라파엘로의 그림 〈아테네 학당〉에서 화면 오른쪽 아래를 보면, 그리스의 수학자 유클리드가 컴퍼스를 들고 석판을 향해 허리를 숙인 채 설명하는 모습이 있습니다.

세계에서 가장 유명한 수학 교과서인 《기하학원본》을 쓴 유클리드의 생애에 대해서 알려진 것은 그리 많지 않습니다. 하지만 플라톤의 철학과 자신의 기하학을 조화시켜 그때까지의 그리스 기하학을 한 단계 더 위로 끌어올린 것에 대해서는 누구도 의심하지 않습니다. 《기하학 원본》의 대부분은 그가 태어나기 전부터 알려져 있던 수학자들이 연구한 내용들이었고, 유클리드의 독창적인 부분은 후반부라 할 수 있습니다. 특히 제10권은 다른 어느 부분보다도 중요한 내용으로 인정받고 있습니다.

그가 학문을 대하는 태도에 관련된 재미있는 일화가 있습니다. 어느 날 한 제자가 유클리드에게 "선생님, 딱딱한 기하학을 배워서 어디에다 씁니까?"라고 물었습니다. 그러자 유클리드는 다른 제자를 보고 "그에게 동전 하나를 줘서 보내거라. 그에게 필요한 것은 기하학을 배워서 무언가를 얻는 것이니까."라고 말했다고 합니다.

유클리드는 학문을 배울 때 무언가 보상을 받는 것보다 배움 자체에서 행복을 느끼기를 바랐습니다. 그가 수학을 집대성한 위대한 수학자가 된

만만한 과학용어 검색

유클리드의 《기하학 원본》

《기하학 원본》은 기원전 300년경에 유클리드가 쓴 책으로 탈레스부터 당시에 이르기까지 250년 이상에 걸쳐 이루어진 수학적 성과들을 담고 있습니다. 유클리드는 여기에서 기존의 수학 문제에 대한 증명 방법을 수정하거나 새로운 증명법을 제시했습니다. 특히 이 책은 2,000년이 넘도록 기하학에 있어서 중요한 기준을 제시해 왔습니다. 책의 내용을 살펴보면, 제1권은 직선·평행선·평면도형, 제2권은 직사각형·정사각형의 면적, 제3권은 원제, 제4권은 원에 내접·외접하는 사각형, 제5권은 비례론, 제6권은 닮은 도형, 제7~9권은 정수론, 제10권은 무리수론, 제11~13권은 입체기하학으로 구성되어 있습니다.
이 책은 인쇄술이 발달한 이후 1,000판 이상 출판되어 교과서로 사용되어 왔습니다.

최초의 영문판 표지

유클리드(왼쪽)와 그의 《기하학 원본》(오른쪽)

것도 이처럼 현실에서 한발 떨어져 연구했기 때문일 것입니다.

그에 관한 유명한 이야기는 또 있습니다. 유클리드가 이집트의 왕자 프톨레마이오스 1세의 기하학 스승일 때 있었던 일입니다. 어느 날 프톨레마이오스가 유클리드에게 기하학을 터득하는 지름길을 묻자, 유클리드는 유명한 한마디를 남깁니다. 그는 그때 "기하학에는 왕도가 없습니다."라고 말하며 제자를 꾸짖었다고 합니다.

유클리드의 도형이 그려진 가장 오래된 파피루스

아름다운 수학자 히파티아

히파티아가 활동하던 당시의 알렉산드리아는 세계적인 철학자, 과학자, 수학자 등 모든 학문의 지도자들과 여러 종교를 가진 사람들이 함께 살아가는 도시였습니다.

이곳에서 태어난 히파티아는 아버지인 수학자 테온의 사랑을 한몸에 받으며 자랐습니다. 테온은 하나뿐인 딸을 위해 모든 학문을 가르쳤고, 수많은 학자와 교류할 수 있도록 했습니다. 그리고 그녀를 위해 아테네로 유학을 보내주기도 했습니다.

이러한 노력으로 그녀는 아버지와 함께 유클리드 기하학에 자신들

히파티아

의 새로운 이론을 추가한 설명서를 냈습니다. 그녀 외에도 수많은 수학자가 책을 냈지만 그녀의 책보다는 못했습니다. 그리하여 거의 천 년 동안 수학에 있어서 그녀의 책은 독보적인 수학 교과서였습니다.

또한, 그녀는 당시 그리스에서 누구도 따라올 수 없을 만큼 아름다워서 수많은 사람으로부터 청혼을 받았습니다. 그러나 그때마다 "나는 진리와 결혼했습니다."라고 말하며 결혼조차 거부했습니다.

하지만 그녀는 기독교의 광신도들에 의해 무참히 죽게 됩니다. 게다가 그녀가 쓴 책마저 모두 불태워져 현재 그녀에 대한 자료는 많이 남아 있지 않습니다.

고대의 불가능한 3가지 문제

기원전 400년경에 그리스의 델로스 섬에서 발생한 전염병은 수많은 사람의 목숨을 앗아갔습니다.

공포에 떨던 사람들은 델포이에 있는 신탁소를 찾아가 아폴론 신에게 전염병을 물리쳐 달라고 빌었습니다. 그러자 아폴론 신의 사제인 피티아가 아폴론의 계시를 받아 이렇게 전달했습니다.

"신전 안에 있는 정육면체 모양의 제단을 현재 부피에서 정확히 2배가 되도록 만들면 전염병이 사라질 것이다."

사람들은 서둘러 각 변의 길이가 2배가 되는 제단을 만들어 아폴론 신전에 바쳤

습니다. 그러나 전염병이 수그러들기는커녕 점점 더 심해질 뿐이었습니다.

　사람들이 다시 신탁을 받기 위해 아폴론 신을 찾자 다음과 같은 신탁이 내려졌다고 합니다.

　"2배로 하라고 한 것은 부피였다. 가로, 세로, 높이를 각각 2배로 하면 그 부피는 8배가 되지 않느냐!"

　신탁에 따라 사람들은 부피가 2배가 되는 제단을 만들기 위해 여러 가지로 궁리해 보았지만 아무리 애를 써도 만들 수가 없었습니다.

　이것이 바로 그리스의 3가지 어려운 문제의 시초라고 일컬어집니다. 당시의 학자들은 눈금 없는 자와 컴퍼스만을 사용하여 도형을 그렸는데, 다음에 나오는 3가지 작도는 성공하지 못했습니다.

첫째는 각의 3등분 문제로, 135도나 90도 같은 특정한 각이 아니라 주어진 임의의 각을 3등분하는 것이고,
둘째는 배적 문제로, 주어진 정육면체보다 부피가 2배 큰 정육면체를 작도하는 것이며,
셋째는 원적 문제로, 주어진 원과 넓이가 같은 정사각형을 작도하는 것이었습니다.

　이 3가지 문제는 19세기에 이르러 눈금 없는 자와 컴퍼스만으로는 작도가 불가능한 문제임이 증명되었습니다. 하지만 여기서 주목할 것은 이 문제를 풀기 위해 수세기에 걸쳐 독창적인 기구와 방법이 제시되었고, 이는 결과적으로 수학의 발달을 가져왔다는 사실입니다.

　그 대표적인 예로 니코메데스의 콘코이드, 아르키메데스의 나선, 히피아스의 원적곡선, 원뿔곡선, 3차곡선과 4차곡선, 초월곡선 등은 모두 위의 3가지 작도 문제에서 비롯된 도형들입니다.

목욕탕에서 깨달음을 얻은
아르키메데스

07 일곱 번째 수업

카테고리

과학 블로그 2부
- 첫 번째 수업
- 두 번째 수업
- 세 번째 수업
- 네 번째 수업
- 다섯 번째 수업
- 여섯 번째 수업
- **일곱 번째 수업**

에디슨만큼이나 유명한 발명가가 고대 그리스에도 있었습니다. 바로 아르키메데스입니다. 시칠리아 섬의 시라쿠사에서 천문학자인 피디아스의 아들로 태어난 그는 발명에 있어 천재적인 능력을 발휘했습니다. 그의 대표적인 발명품인 양수기(물을 퍼 올리는 기계)는 지금도 이집트에서 사용되고 있다고 합니다. 이것은 '아르키메데스의 나선식 펌프'라고 불리는

데, 그가 이집트에서 유학하던 중에 나선 모양을 응용해 만들었습니다. 그의 양수기는 여러 과학자들에 의해 개량되어 널리 보급되었습니다.

아르키메데스는 당시 문화의 중심지였던 알렉산드리아의 무세이온에서 연구에 몰두했습니다. 무세이온은 왕실 부속 연구소로, 각지에서 초청된 학자들이 자연과학 등을 연구했습니다. 그는 그곳에서 스승인 수학자 코논에게 기하학을 배웠습니다. 그리고 시라쿠사로 돌아온 뒤에 스승에게 배운 것을 수학책으로 만들기도 했습니다.

시라쿠사로 돌아온 이후의 일화 가운데 유명한 것이 있는데, 바로 지렛대의 원리를 응용한 것입니다.

만만한 과학용어 검색

아르키메데스의 나선식 펌프

이 펌프는 기원전 3세기경 아르키메데스가 배에 들어온 물을 밖으로 퍼내기 위해 발명했다고 전해집니다. 그의 펌프는 2가지 형태가 있는데, 그중 하나는 나선형으로 된 원형의 관으로 되어 있고 물속에 아랫부분이 45도 정도 기울어져 담겨 있는 모양입니다. 다른 하나는 원통 모양의 실린더 속에 회전하는 나선형 장치가 들어 있는 모양입니다.

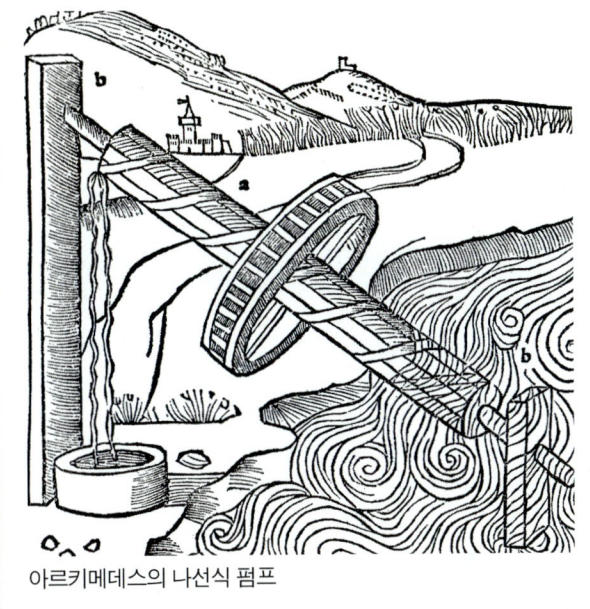

아르키메데스의 나선식 펌프

그는 시라쿠사의 왕 앞에서 긴 지렛대와 지렛대를 받칠 수 있는 나무와 자기가 서 있을 곳만 있으면 지구라도 움직여 보이겠다고 장담했습니다. 그러자 왕은 바닷가 백사장에서 커다란 군함 위에 군인들을 태운 채 그것을 바다 위에 띄워 보라고 했습니다. 아르키메데스는 지렛대의 원리를 이용한 도르래를 사용해 간단하게 배를 띄웠습니다.

만만한 과학용어 검색

지렛대의 원리

지렛대를 움직일 때 작용하는 힘은 3가지가 있습니다. 먼저 막대를 받치고 있는 점은 받침점, 힘이 작용하는 막대의 끝은 힘점, 물체에 힘이 작용할 때 그 힘이 미치는 점은 작용점이라고 합니다. 우리 주변에서 지렛대의 원리를 이용한 물건 중 대표적인 것으로는 손톱깎기, 병따개, 가위 등이 있으며 핀셋은 지렛대의 원리를 반대로 이용한 것입니다.

아르키메데스가 지렛대를 이용해 지구를 드는 모습을 상상한 그림

또 한 번은 왕의 귀에 금관과 관련한 이상한 소문이 들려왔습니다. 기술자가 금관을 순금으로 만들지 않고 다른 물질을 섞었다는 것입니다. 왕은 아르키메데스를 불러 사실을 알아내도록 했습니다.

그러나 이 문제만큼은 쉽게 풀리지 않았습니다. 그러던 어느 날 아르키메데스가 목욕탕에 들어갔을 때 물이 넘치는 것을 보고 순간 방법이 떠올랐습니다. 흥분한 그는 옷도 입지 않은 채 목욕탕에서 뛰어나와 "유레카(알아냈

다)! 유레카!"라고 외치며 집으로 달려갔다고 합니다. 그는 그때 물속에 물체를 넣었을 때 물체의 종류에 따라 밀어내는 물의 양이 다르다는 것을 발견한 것입니다.

만만한 과학용어 검색

아르키메데스의 부력

물속에 어떤 물체를 넣으면 물체에 의해 물이 밀려나는데 이때 물도 물체를 밀어냅니다. 이러한 현상을 부력이라고 합니다. 예를 들어 나무 10킬로그램과 금속 10킬로그램은 무게는 같지만 나무가 10킬로그램이 되려면 금속에 비해 크기가 몇 배 큽니다. 결국, 같은 무게를 물속에 넣을 때 부피가 큰 나무가 물을 많이 밀어낼 것입니다.

이러한 부력의 원리는 기원전 220년경 그리스의 과학자인 아르키메데스가 발견했다고 합니다. 어느 날 시라쿠사의 왕 히에론은 자신의 왕관이 순금으로 만들어진 것인지 아르키메데스에게 알아내라고 했습니다.

그는 왕관과 같은 무게의 금덩어리와 은덩어리 2개를 만든 다음 큰 그릇에 물을 가득 채우고 그 속에 금덩어리와 은덩어리를 차례로 넣어 넘친 물의 양을 측정했습니다. 금보다 가벼운 은이 금덩어리와 같은 무게를 갖기 위해서는 그만큼 은덩어리의 크기가 커야 하기 때문에 금덩어리를 넣었을 때보다 은덩어리를 넣었을 때 그릇에서 물이 더 많이 흘러나왔습니다.

그릇에 다시 물을 채우고 이번에는 왕관을 넣었습니다. 그러자 같은 무게의 금덩어리를 넣었을 때보다 더 많은 양의 물이 넘쳤습니다. 이를 근거로 그는 왕관이 순금으로 만들어진 것이 아니라는 사실을 증명했습니다. 왕이 준 왕관에는 다른 물질이 섞여 있어서 같은 무게의 순금보다 크기가 크고 그만큼 부력이 커져 물이 많이 넘친다는 것입니다.

왼쪽 그림을 보면 부피가 같은 금속과 나무의 부력 차이를 쉽게 이해할 수 있을 것입니다.

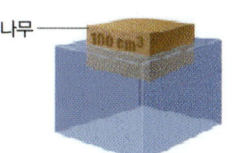

금속은 가라앉지만 밀도가 낮은 나무는 물에 뜹니다.

태양열 반사판을 이용해 적을 공격하는 아르키메데스

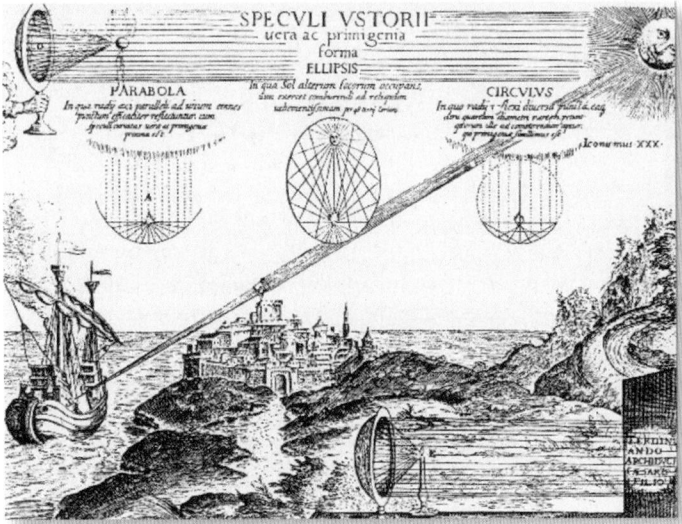
태양열 이용 원리를 그린 설계도

지렛대의 원리를 이용한 적의 함선 공격용 무기 설계도

아르키메데스는 왕이 기술자에게 준 원래의 금과 같은 양의 금덩어리와 금관을 각각 물에 넣고 넘친 물의 양을 쟀습니다. 그 결과 왕관을 넣었을 때 넘친 물의 양이 더 작다는 것을 알아냈습니다. 따라서 왕관은 순금으로 만든 것이 아니었습니다.

그의 재능은 전쟁 중에도 발휘되었습니다. 그의 나이 70세 즈음에 지중해를 둘러싸고 3차례에 걸쳐 로마와 카르타고 간의 전쟁이 벌어지고 있었습니다. 당시 아르키메데스의 고향인 시라쿠사는 카르타고 쪽에 섰다가 로마의 공격을 받는 상황이었습니다.

그는 위기를 극복하기 위해 여러 가지 무기들을 개발하게 됩니다. 그가 개발한 무기는 각종 투석기와 기중기 같은 지렛대의 원리를 이용한 것입니다. 그 무기들은 매번 로마 군사들과 함대를 괴롭혔습니다. 또한 로마의 함선이 침입해 오면 태양의 열을 이용해 배를 불

태울 수 있는 무기와 항구에 정박하는 함선을 침몰시킬 수 있는 장치도 고안해 냈습니다. 하지만 그의 노력에도 불구하고 시라쿠사는 로마에 함락되고 말았습니다.

시라쿠사가 점령되던 날 아르키메데스는 자신의 집 뜰에 앉아 도형을 그리며 기하학 연구에 몰두하고 있었다고 합니다.

아르키메데스의 묘비에 새겨진 도형

그런데 갑자기 로마 병사가 들이닥쳐 기하학 도형을 밟자 자신의 도형을 밟지 말라고 소리쳤습니다. 로마 병사는 상관이 아르키메데스는 절대 죽이지 말라고 했음에도 그를 몰라보고 죽였습니다.

그가 죽은 뒤 그의 묘비에는 구에 외접하는 원기둥의 도형이 새겨져 있었다고 합니다. 이것은 그가 발견한 기하학 원리로 '구에 외접하는 원기의 부피는 그 구가 가진 부피의 1.5배'라는 것이었습니다.

헤론의 증기 터빈

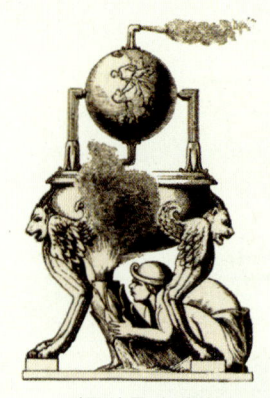

헤론의 증기 터빈

에너지를 생산하기 위한 발전소의 터빈으로는 수력 터빈, 증기 터빈, 풍력 터빈 등이 있습니다.

터빈이 최초로 사용된 것은 그리스의 영향을 받은 고대 로마 시대부터입니다. 기원전 70년경 로마인은 밀과 같은 곡물을 빻기 위해 수력을 이용한 터빈 형태의 수차를 이용했다고 합니다. 생김새는 지금의 물레방아와 비슷하며 물의 흐름이 강한 곳에 설치했습니다.

열을 이용한 최초의 증기 터빈은 1세기 즈음 헤론이 발명했다고 합니다. 이 장치는 그림과 같이 굽은 관을 통해 증기가 나오면서 회전하는 것으로, 오늘날 잔디에 물을 뿌리는 스프링클러와 비슷했습니다. 이 장치는 훗날 증기기관에 응용된 반작용의 원리를 이용한 것입니다.

원주율

원의 넓이를 잴 때 '반지름×반지름×3.14(원주율)'라는 공식을 이용합니다. 그런데 원주율은 왜 3.14이며 왜 이것을 곱해야 하는 것일까요?

원주율은 약 4,000년 전에 이집트 사람들이 처음으로 알아냈습니다. 그들은 원을 아래의 그림처럼 조각을 내고 그것을 엇갈리게 붙여 직사각형을 만든 다음 면적을 구했습니다. 그렇게 해서 원의 넓이는 '반지름×원둘레의 반'이라는 공식을 얻게 되었습니다.

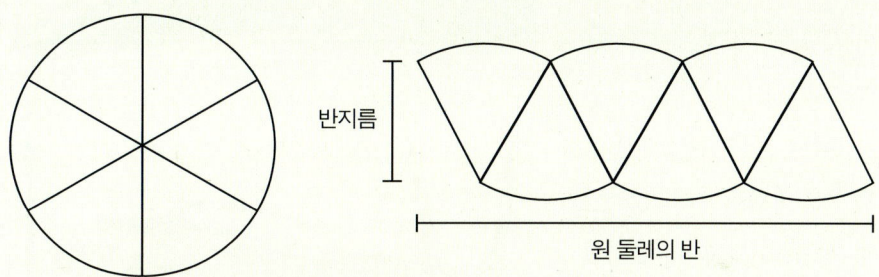

이때 이집트 사람들이 찾아낸 원주율은 3.16이었습니다. 그 후 약 2,000년이 지나 아르키메데스는 원주율의 정확도를 높이기 위해 원을 96조각으로 나누었습니다. 이렇게 해서 얻어진 값은

$3\frac{1}{10} <$ 원주율 $< 3\frac{1}{7}$

$3.140 <$ 원주율 < 3.142

이 결과 원주율은 3.140보다 크고 3.142보다 작다는 사실이 알려졌습니다.

이후 16세기 독일의 루돌프는 이 원주율을 소수점 이하 36자리까지 찾아냈고, 20세기 영국의 섕크스는 소수점 이하 707자리까지 찾아냈습니다. 지금은 컴퓨터가 그 일을 대신하고 있는데, 지금까지 무려 160만 자리까지 찾아냈다고 합니다.

필론이 만든 무기들

비잔틴의 필론

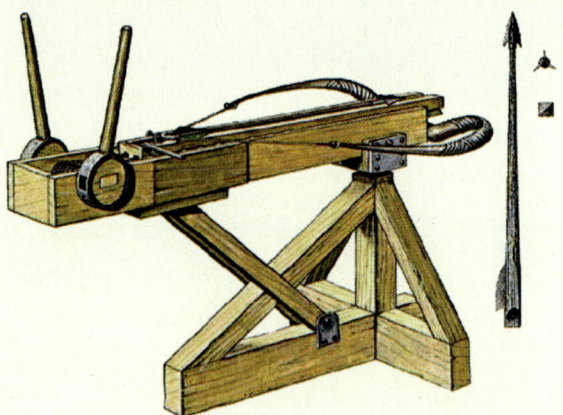

필론의 화살발사기(위)와 후에 응용된 형태(아래)

필론은 기원전 2세기 후반에 비잔틴에서 살았던 헬레니즘 시대의 유명한 기술자입니다. 그가 만든 가장 유명한 발명품은 중세 이후에 총이 나오기 전까지 가장 널리 쓰인 전쟁 무기인 화살발사기입니다.

이것은 위 그림처럼 가운데 긴 나무 위에 화살을 올려놓고 용수철의 탄력으로 활시위를 잡아당기기 때문에 힘을 많이 들이지 않고도 화살을 발사할 수 있습니다. 또한, 발사 전까지 방아쇠로 잠가 둘 수도 있습니다. 훗날 이 장치를 응용해 돌덩어리를 발사하는 파린트논이라는 무기도 만들어졌습니다.

클릭! 클릭! 지식 마우스 — 태양까지의 거리를 잰 **아리스타르코스**

아리스타르코스의 지동설 우표

아리스타르코스의 달과 태양의 거리 측정 우표

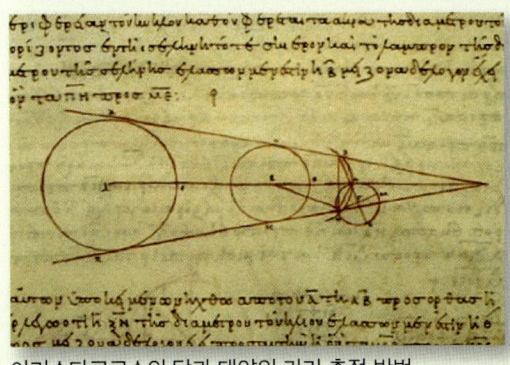
아리스타르코스의 달과 태양의 거리 측정 방법

고대 그리스의 천문학자인 아리스타르코스는 지구가 지축을 중심으로 일주운동을 하며, 태양의 주위를 돌고 있다는 지동설을 주장했습니다. 하지만 이 지동설은 나중에 히파르코스에 의해 부정됩니다.

아리스타르코스는 최초로 수학을 천문학에 도입한 사람입니다. 그는 지구에서 태양과 달까지의 거리를 측정했는데, 관찰 값이 정확하지 않아 현대의 측정치와는 상당한 차이가 있습니다.

그는 태양과의 거리를 재기 위해 달이 반달일 때 측정했습니다. 반달이 되면 태양과 달이 같은 선상에서 지구와 직각을 이룬다고 생각한 것입니다. 그러나 그 값은 실제 거리와 약 400배나 차이가 났습니다. 비록 계산은 틀렸지만 수학을 천문학에 도입했다는 점에서 높이 평가됩니다

관측천문학의 대가 히파르코스

▲ 별을 관찰하는 히파르코스

아리스타르코스 이후 최고의 천문학자로는 관측천문학의 대가 히파르코스를 들 수 있습니다. 그에 대한 기록은 프톨레마이오스의 책에서 확인할 수 있습니다.

그는 로도스 섬에 관측소를 설치하고 별을 관찰해 항성표를 만들었습니다. 훗날 로마의 항성표에 있는 별의 5분의 2에 해당하는 것을 그가 찾아냈다고 합니다. 그리고 그는 그 별들에 1부터 6까지의 등급을 주었는데, 그것은 오늘 날에도 쓰이고 있습니다.

그가 이룬 업적 중에서 가장 유명한 것은 세차운동의 발견입니다. 세차운동이란 달과 태양의 인력으로 춘분점이 매년 달라지는 현상인데, 그것을 토대로 '항성년'과 '회귀년'이 다르다는 사실도 알아냈습니다. 이것을 기준으로 1년이 약 365일 5시간 49분이라는 것도 계산해 냈습니다. 또한, 그가 잰 달과 지구의 거리는 지금의 측정치와 거의 비슷하다고 합니다.

클릭! 클릭! 지식 마우스 — 최초로 의대를 세운 헤로필로스

헤로필로스

헤로필로스가 개발한 해부용 도구

    헤로필로스는 인체해부학자이자 생리학자로, 인체 해부를 금지한 중세까지 영향을 미쳤습니다. 그는 인체와 동물의 조직을 비교하면서 해부학적 지식을 넓혔고, 해부에 필요한 기구를 만들기도 했습니다.

    해부를 통해 뇌와 신경계통에 대한 지식이 풍부했던 그는 내장 기관, 심장, 동맥과 정맥 등의 기능과 구조에 대해서도 연구했습니다. 그래서 지금도 인체에 있는 장기 중 그가 발견하고 이름을 붙인 것이 많습니다.

    그의 제자인 에라시스트라토스는 헤로필로스가 이루었던 뇌와 심장에 대한 연구를 더욱 발전시키고 생리학의 기초를 다졌습니다. 이후 갈레노스라는 사람이 이들의 업적을 정리하면서 고대 의학이 완성되었습니다.

    갈레노스가 정리한 의학의 기초는 헤로필로스, 에라시스트라토스의 해부학과 생리학이었지만, 이들의 연구에 아리스토텔레스가 연구한 동물해부학, 히포크라

갈레노스

테스의 철학, 그리고 그리스 문화와 헬레니즘 문화의 철학들을 종합해 의학이라는 하나의 독립된 학문을 만든 것입니다.

그는 의사들이 환자를 치료하거나 수술을 하기 위해서는 우리 몸의 각 구조와 기능에 대해 반드시 알아야 한다고 생각했습니다. 특히 인체를 소화기관, 호흡기관, 신경기관으로 나누어 그 역할과 구조에 대해 체계적으로 설명했고, 이를 위한 해부학적 지식의 필요성을 강조했습니다. 그의 이러한 생각은 근대 해부학을 이끌었던 베살리우스에게도 커다란 영향을 미쳤으며, 자신의 지식을 전하기 위해 의학과 생물학 분야를 다룬 책을 150편 넘게 쓰기도 했습니다.

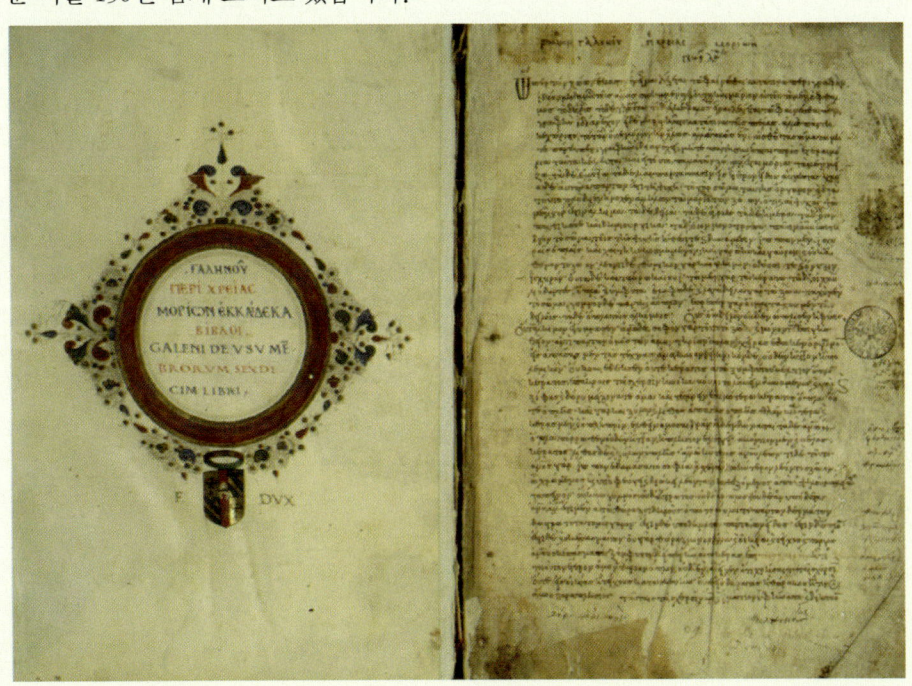

갈레노스가 쓴 의학책

3부
헬레니즘의 후계자들

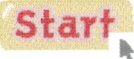

📕 **교과 연계**

초등 3 | 식물의 잎과 줄기
초등 4 | 모습을 바꾸는 물
초등 5 | 태양의 가족
초등 6 | 편리한 도구
초등 6 | 계절의 변화
중등 1 | 물질의 3가지 상태
중등 2 | 지구와 별

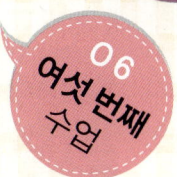

헬레니즘과 로마

카테고리

과학 블로그 3부
- 첫 번째 수업
- 두 번째 수업
- 세 번째 수업
- 네 번째 수업
- 다섯 번째 수업
- 여섯 번째 수업

그리스가 강력한 로마에 점령되면서 그리스의 과학은 주춤하는 모습을 보였습니다. 그러나 곧 헬레니즘의 중심지인 알렉산드리아를 중심으로 고대 과학을 정리하는 단계가 시작되었습니다. 알렉산드리아의 지식인들이 그리스의 순수 학문에 로마의 실용성을 더해 새로운 과학을 만들어 내고 있었던 것입니다.

현대화되기 전인 1880년대 이집트 알렉산드리아의 모습

먼저 수학에서는 중세의 사람들에게 전달할 소중한 자료들을 만들었습니다. 니코마코스라는 사람은 현재 남아 있는 수에 관한 책들 중 가장 오래된 책인 《수학입문》이라는 책을 썼는데, 대부분 그리스의 전통적인 수학을 옮겨 온 것입니다. 그의 책은 로마에서 라틴어로 번역되기도 했습니다.

그의 뒤를 이은 수학자로는 알렉산드리아 출신의 파포스가 있습니다. 그는 8권이나 되는 《수학집성》이라는 책을 냈으며, 수학과 관련된 다양한 학문까지 다뤘습니다.

그리고 고대의 마지막 수학자라고 할 수 있는 디오판토스는 후세에 중요한 역할을 한 《산수론》이라는 책을 썼는데, 현재 13권 중 6권이 전

who are you? 검색

니코마코스

아라비아의 게라사 출신인 고대 그리스 수학자입니다. 그는 신피타고라스학파이며, 지금까지 남아 있는 가장 오래된 수학책인 《수학입문》을 썼습니다. 이 책에는 '$1^3=1$, $2^3=3+5$, $3^3=7+9+11\cdots$ 같이 세제곱은 연속되는 모든 홀수의 합으로 나타낼 수 있다'는 법칙이 들어 있습니다. 이 책은 라틴어로 번역되었으며 유클리드의 《기하학 원본》과 함께 대표적인 수학 책으로 평가되었습니다.

디오판토스

3세기 후반에 활약한 디오판토스는 '대수학의 아버지'라고 불리며, 지금까지 남아 있는 그의 책에는 주로 1차부터 3차까지의 정방정식과 부정방정식에 대한 내용이 담겨 있습니다.

그의 책은 아라비아어로 번역되어 그곳 학자들에게 많은 영향을 끼쳤습니다. 훗날 다시 라틴어로 번역되어 유럽으로 전파돼 중세 말기의 대수학 발전에 공헌했습니다.
그가 쓴 책의 내용 중에서 주어진 제곱수를 2개의 제곱수로 나누라는 문제는 후에 '페르마의 정리'가 되었다고 합니다

하고 있습니다. 그의 《산수론》을 통해 알 수 있는 것은 현대 수학에서 아주 중요한 대수학을 처음 시작했다는 것입니다. 대수학은 기존의 숫자 대신에 x, y 등 다른 기호를 대입하는 것으로, 오늘날의 대수방정식과 같은 것입니다.

그의 연구는 기존의 기하학으로 치우친 수학을 대수로 확장시켰습니다.

하지만 당시 그의 연구는 시작 단계이다 보니 음수나 무리수의 방정식

까지는 연구하지 못했습니다. 그럼에도 그의 연구를 알아본 이슬람의 학자들은 그 시대의 가장 대표적인 수학서로서 그의 책을 인정하고 직접 옮겨 적어 보존하고 있다가 훗날 다시 유럽에 전해 주었습니다.

과학에서는 로마의 실용적인 면이 가미되면서 기계적인 장치를 개발하는 경우가 많았습니다. 헤론은 앞선 그리스의 연구를 이어받아 그것을 응용

who are you? 검색

헤론

고대 그리스의 수학자입니다. 알렉산드리아에서 활동했다는 것 이외에는 거의 알려져 있지 않습니다. 그는 헬레니즘의 중흥기에 수많은 업적을 남겼고, 책도 많이 썼습니다. 수학에서는 그가 새롭게 제시한 계산법에 의한 이차방정식의 해법과 그를 수학자로 널리 알린, 삼각형 변의 길이로 면적을 구하는 '헤론의 공식'이 유명합니다.

그 밖의 분야에서는 지렛대와 나사를 응용한 기계, 증기와 물의 힘을 이용한 각종 기계 장치의 발명으로 유명합니다.

한 발명품을 많이 만들어 냈습니다. 그를 가장 유명하게 만든 것은 수학 분야에서는 '헤론의 공식'이고, 과학 분야에서는 증기구일 것입니다. 그의 증기구는 열을 가해 생긴 높은 압력의 증기를 이용해 회전운동을 이끌어 내는 기계인데, 이것은 최초의 증기 터빈으로 인정받고 있습니다.

그 외에도 터널 같은 것을 팔 때 사용하는 수평을 재는 기구가 있는데, 실제로 이 기계는 로마의 수로처럼 수백 킬로미터 이상 수평을 확인해야 하는 건축 분야에서 큰 활약을 했습니다. 그는 또한 현대의 자동판매기와 비슷한 기계를 만들기도 했고, 바람에 의한 피스톤 운동을 이용해 오르간을 연주하는 기계를 발명하기도 했습니다.

기계 분야는 헬레니즘 시대에 갑자기 발전한 것이 아니었습니다. 헤론 이전의 아르키메데스나 크테시비오스, 필론 같은 사람들이 기계의 구조와 힘의 원리에 대해 연구해 온 전통에 힘입어 발전할 수 있었습니다.

만만한 과학용어 〔검색〕

헤론의 오르간

헤론의 오르간이 소리를 내기 위해서는 다음과 같은 과정을 거치게 됩니다.
아래 그림의 오른쪽 풍차에 바람이 불면 풍차가 돌아가고 풍차 옆에 붙어 삐져나온 막대가 같이 회전하면서 중앙의 피스톤과 연결된 막대를 움직입니다. 그러면 풍차의 회전운동은 피스톤의 수직 운동으로 바뀝니다.
이 피스톤이 위아래로 움직이면서 왼쪽 오르간의 파이프에 공기를 넣어 소리가 나게 합니다.

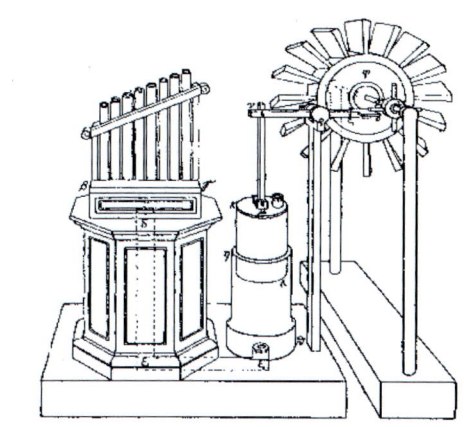

헤론의 오르간

헤론의 자동 성수 판매기

이 같은 실용주의적인 전통은 크테시비오스를 빼놓고는 이야기할 수 없습니다. 그리스의 수학자이자 발명가인 그는 작고 사소한 것들부터 주행거리계, 전쟁 무기에 이르기까지 다양한 발명품들을 만들어 냈습니다. 그의 발명품 중 대표적인 것은 물시계로, 그 기능이나 모양에 사람들이 모두 감탄했다고 합니다.

이러한 실용의 전통은 고스란히 로마의 건축과 무기, 교통 등 다양한 분야에 적용되었습니다.

크테시비오스의 물시계

크테시비오스는 햇빛이 없으면 사용할 수 없는 해시계의 단점을 보완하기 위해 물시계를 발명했습니다. 이로써 밤은 물론이고, 사계절 내내 시계를 사용할 수 있게 되었습니다.

이 시계는 물을 담을 수 있는 원통의 수조 안으로 물을 조금씩 일정한 속도로 흘려보내도록 되어 있습니다. 그리고 수조 안에는 물의 높이에 따라 위치가 달라지는 인형을 올려 놓은 대가 들어 있습니다. 물이 차면 물 위에 떠 있는 인형이 점점 위로 올라가서 인형의 손에 있는 지시봉이 높이에 따라 시간을 알려 주게 됩니다. 우리나라에서는 1424년에 조선의 과학자 장영실이 물시계의 일종인 누각을 만들었습니다. 현재 이 물시계는 덕수궁에 있으며, 물시계 역사에 대한 연구 자료로서 세계적으로도 유명합니다.

디오판토스의 묘비

 3세기 후반 알렉산드리아에서 활약했던 그리스의 수학자 디오판토스는 서기 100년부터 400년 사이에 살았던 인물이라는 것 외에는 알려진 것이 거의 없지만, 몇 살에 죽었는지는 정확히 알려져 있습니다. 디오판토스의 묘비에는 그의 인생 역정을 수수께끼로 묘사한 글이 다음과 같이 새겨져 있습니다.

 "신의 축복으로 태어난 그는 인생의 6분의 1을 소년으로 보냈다. 그리고 다시 인생의 12분의 1이 지난 뒤에는 얼굴에 수염이 자라기 시작했다. 다시 7분의 1이 지난 뒤 그는 아름다운 여인을 아내로 맞이하였으며, 결혼한 지 5년 만에 귀한 아들을 얻었다. 그러나 그의 가엾은 아들은 아버지 나이의 절반밖에 살지 못했다. 아들을 먼저 보내고 깊은 슬픔에 빠진 그는 그 뒤 4년간 정수론에 몰입하며 스스로를 달래다가 일생을 마쳤다."

 이 문제의 답은 84세인데 여러분도 한번 풀어 보세요.

천동설을 완성한 프톨레마이오스

카테고리

과학 블로그 3부
- 첫 번째 수업
- **두 번째 수업**
- 세 번째 수업
- 네 번째 수업
- 다섯 번째 수업
- 여섯 번째 수업

지금 우리 중 지구가 둥글며 태양의 주위를 돌고 있다는 사실을 의심하는 사람은 없습니다. 하지만 옛날 사람들은 태양이 지구를 돌고 있다고 믿었습니다.

태양이 지구를 돈다는 생각을 천동설이라고 부르는데, 이 이론을 완성한 사람은 고대 그리스의 천문학자 프톨레마이오스입니다. 그는 알렉산드리아에서 주로 활동했고, 천문학 이외에 수학, 지리학, 심지어 점성술에도 학식이 깊었다고 합니다.

그는 물리학도 연구했는데, 예를 들어 빛의 굴절에 대해 실험을 통해 그 원리에 접근했다고 합니다. 또한, 지리학에서는 히파르코스가 사용한 방법을 이용해 지도를 만드는 방법을 정리했고, 위도와 경도를

만만한 과학용어

히파르코스의 지도

히파르코스가 개발한 삼각법은 360개의 눈금으로 나눠 지도를 제작하는 현대적인 방법의 기초를 제공했습니다.
그는 적도와 평행으로 달리는 동서선을 그리고, 그 선들에서 남극과 북극으로 가는 직각인 선을 그려 지도를 만들었습니다. 이것이 최초로 눈금을 그려 넣은 세계지도입니다.

프톨레마이오스의 《알마게스트》

표시하는 방법을 제시하기도 했습니다.

그러나 무엇보다도 그를 유명하게 한 것은 천문학이었습니다. 그가 쓴 책 《알마게스트》는 당시 최고의 책으로 인정받은 것으로, 그리스의 천문학을 총정리하고 자신의 연구 결과를 첨부해 완성했습니다. 이 책은 다른 책들처럼 이슬람에서 번역하여 보관하다가 다시 유럽에 전해준 것으로, 중세까지 천문학에 대한 모든 것을 지배하는 중요한 책으로 자리매김했습니다.

프톨레마이오스의 이론 중 중요한 것 몇 가지만 들자면 행성

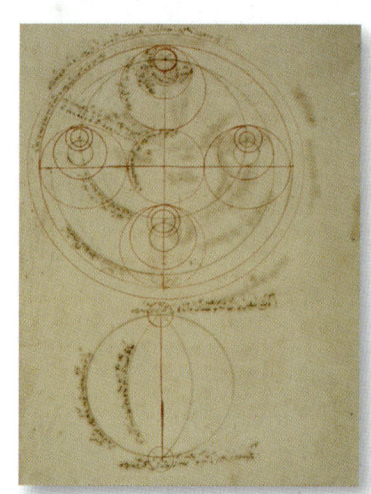

프톨레마이오스의 행성 운동 모델

만만한 과학용어 검색

프톨레마이오스의 《알마게스트》

《알마게스트》는 '가장 위대한 것'이라는 뜻을 가지고 있습니다. 이것은 이슬람 사람들이 프톨레마이오스의 책을 보고 감탄한 나머지 원래의 이름 대신 붙여준 이름입니다. 프톨레마이오스는 천동설을 증명하기 위해 행성의 움직임을 원운동으로 설명했는데, 그 방법으로 주전원과 이심원 등을 이용했습니다.

사실 주전원과 이심원은 헬레니즘 시대의 과학자들이 행성의 움직임을 규칙적인 원운동으로 설명하기 위해 고안한 것인데, 이는 행성들이 타원궤도를 따라 운행한다는 사실을 모르고 있었기 때문입니다.

오늘날 그의 이론을 보면 잘못된 것이지만, 당시 지동설이나 타원궤도에 대해 모르고 있던 사람들에게는 부정할 수 없는 진실이었습니다. 그래서 그가 행성의 움직임을 원운동을 통해 정확하게 예측한 것을 보고 사람들은 1,500년 넘게 최고의 천문학자로 존경했습니다.

프톨레마이오스

의 밝기 변화를 설명하는 이론과 중요한 5개 행성의 불규칙한 운동에 대한 설명, 각 천체가 지구를 중심으로 배열되어 있으며 각각의 행성들은 회전하는 원운동을 한다는 천동설 등이 있습니다. 그의 천동설은 아폴로니오스라는 사람이 처음 주장해 히파르코스가 정리한 천동설을 기초로 하고 있습니다.

그는 또한 자오환이라는 측정기구를 사용해 자오선 상에 있는 태양의 위치를 측정하기도 하고, 4큐빗 티오프트라라고 불리는 태양과 달의 지름을 측정하는 기구를 만들어 사용하기도 했습니다. 그 외에 달이 자오선을 통과할 때 천정으로부터의 거리를 측정하는 기구인 삼변의나, 환상 아스트라본이라는 각도 측정기도 직접 만들어 사용했습니다.

이러한 기구들을 이용한 달의 운동에 관한 연구는 지금도 그 정확도가 아주 뛰어나다고 합니다.

그리고 일식과 월식에 대한 예측도 정확한 계산에 의해 거의 정확한 값을 찾아냈습니다. 그뿐만 아니라 히파르코스의 항성표를 이어받아 완성한 프톨레마이오스 항성표는 지금도 쓰일 정도라고 합니다.

환상 아스트라본

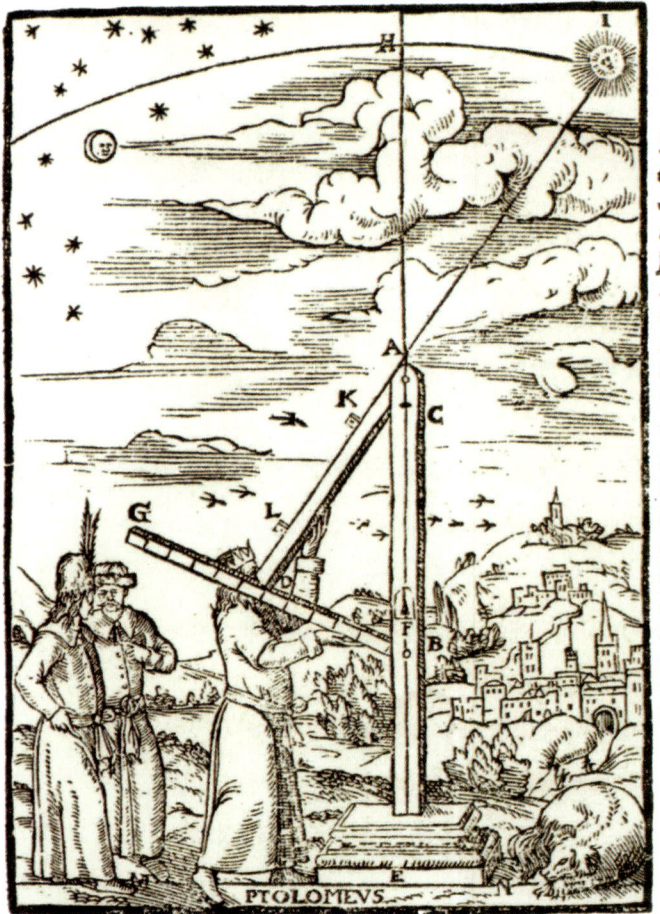

삼변의를 들고 있는 프톨레마이오스

It is made of 3. peaces, beyng 4. square: As in the Picture where A. F. is the first peace or rule.
A. D. The seconde.
G. D. the third rule.
E. The Foote of the staffe.
C. F. The Plumrule.
C. B. The ioyntes, in which the second & third Rulers are moued.
K. L. The sighte holes.
I. The Sonne.
H. The Zenit, or verticall pointe.
M. N. The Noonestead Lyne.

최초의 시간 측정 장치

초기의 시간 측정 도구들

　인간이 시간을 측정하는 데 사용한 최초의 장치는 바늘이었습니다. 이는 처음에는 수직 막대나 기둥을 세워 그 그림자의 길이로 태양의 위치를 확인하는 장치였습니다.

　근대에 이르러 바늘은 시계의 초침으로까지 진화하면서 더욱 작아지고 날카로워졌는데, 바늘의 끝이 예리해질수록 시간의 정확성도 더욱 커졌습니다.

　바늘이 시계의 초침으로 진화하기까지 그 배후에는 태양이 있었습니다. 해시계라고 불리는 이 고대 유물의 탄생은 기원전 300년경까지 거슬러 올라갑니다. 당시 바빌로니아의 천문학자였던 베로수스는 반원 시계로 알려진 해시계를 발명했는데, 그것은 수백 년 동안 꾸준히 사용되었습니다. 베로수스의 해시계 발명을 계기로 프톨레마이오스 등의 학자들도 앞다투어 복잡한 공식과 설계도를 바탕으로 더욱 정확한 해시계를 만들어 냈습니다.

1년은 정말 365일일까요?

지구는 태양 주위를 한 바퀴 도는 동안 365회가 약간 넘는 횟수만큼 자전합니다. 따라서 지구가 태양을 한 바퀴 도는 것을 1년이라고 정한다면, 하루에 한 번씩 자전하는 지구에서의 1년은 365일이 됩니다.

그러나 여기서 문제는 지구가 1년에 정확하게 365회 자전하는 것은 아니라는 데 있습니다. 좀 더 정확하게 말해서 지구는 태양 주위를 365와 4분의 1일 만에 돕니다. 그래서 4년마다 '하루가 더 많은' 윤년을 정해 두고 있습니다. 윤년이 있어야 달력과 계절이 일치하기 때문입니다.

좀 더 이해하기 쉽게 설명하면 이렇습니다. 1년 중 가장 추운 달은 12월부터 2월입니다. 그런데 만약 윤년이 없이 365일을 단위로 수백 년이 흘러간다고 가정하면, 수백 년 후쯤에는 가장 추운 달이 3월부터 5월이 될 것입니다. 또 8월에 눈이 내리는 기이한 일이 벌어질 수도 있습니다. 그런 혼란을 해결하기 위해서 윤년을 만들어 쓰고 있는 것이므로 윤년의 존재에 감사해야 할 것입니다.

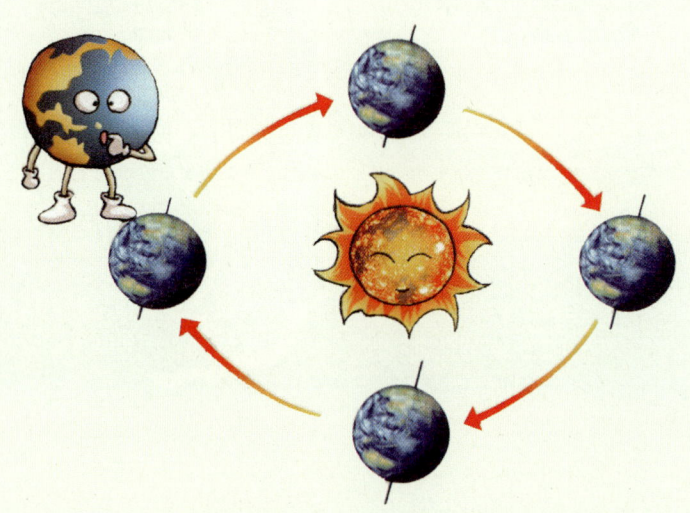

지구는 둥글다

고대 그리스 사람들은 자신들의 눈으로 본 세계가 전부라고 생각했습니다. 또한, 바다의 끝은 낭떠러지 폭포일 것이라고 생각했습니다. 이때까지만 해도 사람들은 땅이 평평하므로 배를 타고 바다로 나가 수평선까지 가면 그 폭포 아래로 떨어져 다시는 돌아올 수 없다고 생각했습니다.

하지만 과학이 발달하면서 지구가 둥글다는 것을 알게 된 사람들은 더 이상 두려워하지 않고 먼 여행을 떠날 수 있게 되었습니다. 그리고 이전에는 한 번도 경험해 본 적 없는 새로운 세계를 접하게 되었습니다.

그들의 눈에 비친 세계는 놀라움 그 자체였습니다. 그리고 그런 세계를 보고 온 사람들은 자신의 경험을 글로 써서 알리기도 하고 이야기로 전하기도 했습니다. 그들의 말에 점점 살이 붙고 과장되면서 나중에는 신화에서나 존재하는 이상향으

로 포장되기도 했습니다. 그중 하나가 인도에 대한 이야기였습니다. 사람들은 인도를 황금으로 가득 찬 환상의 나라로 생각하게 되었고, 그 환상의 땅 인도를 찾아 떠났습니다.

그중 스페인 왕실에 속한 탐사대의 여행은 인류 역사에서 매우 중요한 사건이었습니다. 탐사대는 황금을 찾아 돌아오겠다는 약속을 하고 왕실의 후원을 받아 긴 여행을 떠났습니다. 그리고 마침내 1492년 10월 12일, 벌거벗은 야만인들이 사는 어느 바닷가에 도착했습니다. 탐사대의 대장인 콜럼버스는 이 땅을 '구원의 성자'라는 뜻의 산살바도르라고 불렀습니다.

이날이 신대륙에 유럽인의 발자국이 최초로 찍힌 역사적인 날입니다. 그런데 콜럼버스는 죽는 순간까지도 그 땅이 진짜 인도 대륙이라고 믿었다고 합니다. 이후 이탈리아의 항해가인 아메리고 베스푸치에 의해 신대륙이라는 것이 널리 알려진 뒤에야 비로소 아메리카라고 불리게 되었습니다. 이탈리아의 제노바에서 태어난 콜럼버스는 어릴 때부터 여행에 관심이 많았습니다. 그는 10대 후반부터 아버지를 도와 지중해와 아이슬란드까지 항해하기도 했습니다.

성인이 되어 제노바의 상선을 이끄는 선장이 된 이후로는 마르코 폴로와 프톨레마이오스 등이 쓴 책을 열심히 읽었습니다. 그는 그들의 여행에 관한 이야기와 연구 기록 등을 읽고 지구가 둥글다는 믿음을 갖게 되었으며, 대서양 서쪽으로 항

콜럼버스

해하면 반드시 인도에 닿을 수 있을 것이라고 생각하게 되었습니다. 그는 이것을 생각으로만 그치지 않고 실행에 옮겼습니다.

그 첫 시도는 1483년에 이루어졌습니다. 그는 자신의 꿈을 이루기 위해 포르투갈 왕에게 청원했습니다. 하지만 몇 가지 이유로 그의 청원은 거부되었고, 몇 년이 흐른 뒤에야 이웃 나라인 스페인의 이사벨 여왕으로부터 원조를 얻어내는 데 성공했습니다. 그리고 드디어 1492년 8월 3일에 산타마리아, 니냐, 핀타 3척의 배가 인도를 향해 항해를 시작했습니다. 그러나 콜럼버스가 도착한 곳은 지금의 바하마 제도에 있는 한 섬이었으며, 죽기 전까지 계속된 4차례의 항해에도 불구하고 결국 그는 아메리카 대륙을 벗어나지 못했습니다.

비록 콜럼버스는 이사벨 여왕에게 선물하기로 약속한 황금도 찾지 못하고 항해 내내 반란과 질책에 시달렸지만, 황금만큼이나 전 세계 시장을 휩쓴 담배를 처음으로 유럽에 소개했습니다. 그리고 콜럼버스가 4차례의 항해로 개척한 서인도 항로는 이후 아메리카 대륙을 유럽인들의 새로운 진출 무대로 만드는 계기가 되었습니다.

콜럼버스의 산타마리아호

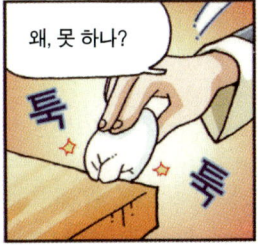

로마의 과학

카테고리

과학 블로그 3부
- 첫 번째 수업
- 두 번째 수업
- **세 번째 수업**
- 네 번째 수업
- 다섯 번째 수업
- 여섯 번째 수업

로마는 기원전 8세기 즈음 이탈리아 반도를 중심으로 일어났습니다. 그리고 끝없는 원정을 통해 기원전 1세기쯤에는 지중해를 둘러싼 대부분의 지역과 그리스의 헬레니즘 문명을 지배하기 시작했습니다.

그때까지만 해도 로마 사람들은 과학 발전에 크게 이바지하지 못했습니다. 군사적인 부분을 제외하고는 대부분 원시적인 수준에서 벗어나지 못하고 있었기 때문입니다. 그들이 처음 헬레니즘 문명을 접했을 때는 엄청난 충격에 휩싸였을 것입니다.

로마 군인들의 모습을 볼 수 있는 트라야누스의 기념비

결국, 그들은 헬레니즘의 정신과 자신들의 실용적인 면을 접목하여 새로운 문명을 개척하기로 합니다. 법률, 정치 조직, 도로, 교량, 수로 건설, 전쟁 무기 제작, 건축 등 실용적인 부분에 그리스의 전통을 가미하면서 새롭게 로마식 문명을 만들었습니다.

로마의 건축가들은 건물을 세우는 일뿐만 아니라 물시계, 기중기, 전쟁 무기 및 다른 여러 가지 기술적 장비도 만들었는데, 이것들 또한 그리스의 헬레니즘 전통에 많이 의존했습니다. 그 예로 대표적인 건축가 비트루비우스는 그의 책 《건축십서》에 고대 건축가들이 알아야 할 기본적인 것들을 기록했습니다. 그는 이 책에 자신이 생각한 것들을 정리하기도 했지만, 대부분은 그리스의 건축가들이 만든 원칙을 기초로 삼았습니다.

who are you? 검색

비트루비우스

기원전 1세기경에 살았던 고대 로마의 건축가입니다. 그의 일생에 대해서는 알려진 바가 거의 없어 그의 책에 쓰인 내용을 토대로 추측할 뿐입니다. 그는 갈리아나 스페인에서의 행적이 대부분이며, 카이사르의 군대에서 건축기사로 일한 것으로 보입니다. 그는 그곳에서 군에 필요한 장비들이나 도로, 수로 등을 담당했던 것으로 보입니다. 그가 건축가로서 자신의 이론을 정립한 것은 로마 제국의 제1대 황제인 아우구스투스의 지원이 있었기 때문에 가능했다고 합니다.

《건축십서》를 들고 있는 비트루비우스

비트루비우스의 책은 그가 살아 있을 때나 로마 시대에는 그다지 영향력을 발휘하지 못했지만, 중세를 지나면서 르네상스 시기까지 대부분의 건축

비트루비우스의 비례에 따라 그린 레오나르도 다빈치의 《비트루비우스적 인간》

에 중요한 지침으로 자리 잡게 됩니다.

로마의 실용적인 특징이 드러난 또 하나의 대표적인 예가 지금의 백과사전과 같은 책들입니다. 로마가 그리스를 정복한 이후에 로마의 상류층은 헬레니즘 문명에 적잖게 충격을 받았습니다. 이들은 그리스의 문화를 알고 싶어했고, 그들의 지식을 소개할 책을 필요로 했습니다. 그래서 등장한 것이 로마의 백과전서들입니다.

최초의 백과전서는 바로라는 사람이 썼습니다. 그는 상류층에 속해 있는 정치가였기 때문에 그리스의 지식들을 쉽게 접할 수 있었으며, 90세까지 무려 620권에 이르는 책을 썼습니다.

그의 뒤를 이어 비트루비우스가 건축에 대한 백과사전을 썼고, 켈수스라는 사람이 의학과 관련된 책을 썼습니다. 물론 그 책들은 대부분 그리스의 책들을 그대로 옮겨 적는 수준에 가까웠습니다.

그리고 가장 유명한 사람으로 세네카를 들 수 있는데, 그는 철학자로도 유명하지만 네로 황제의 스승으로도 유명합니다. 그는 네로 황제가 폭군으로 변하는 모습을 보고 모든 정치적인 지위나 활동을 버리고 집에서 책만 썼습니다. 세네카는 그가 쓴 《자연학 문제점》이라는 책에서 아리스토텔

who are you? 검색

세네카

고대 로마의 스토아학파 철학자입니다. 어린 네로의 스승이자 국가 법무관의 직책을 맡았던 정치가이기도 했습니다. 서기 54년에 네로가 황제가 되자 로마 제국의 통치를 돕기도 했습니다. 그는 네로 황제의 스승이라는 점에서 누구도 함부로 할 수 없는 지위에 있었으나 황제의 폭정을 보고 은퇴를 요청했고, 캄파니아에서 오로지 학문 연구와 책을 쓰는 데만 집중하며 시간을 보냈습니다. 그러나 네로 황제에게 반란을 의심받으면서 회의를 느끼고 자살했습니다.

세네카의 죽음

레스의 《기상학》을 새롭게 정리하여 지리학과 무지개, 천둥, 번개 등과 같은 기상학적 현상들을 다루기도 했습니다. 그러나 네로에게 반란을 꾀하고 있다는 오해를 받자 스스로 목숨을 끊고 맙니다.

who are you? 검색

네로

로마 제국의 제5대 황제입니다. 본래 이름은 루키우스 도미티우스 아헤노바르부스이고, 황제가 되어 네로 클라우디우스 카이사르 아우구스투스 게르마니쿠스로 불렸습니다. 로마의 황제들은 카이사르를 이어받은 황제라 해서 이름에 카이사르를 넣었습니다. 폭군으로 잘 알려져 있지만, 그가 황제로 있는 동안 로마의 문화는 크게 발전했습니다. 네로는 자신을 예술가로 생각하여 시·노래·건축 등의 예술을 지원했으며, 지금도 그 당시에 세워진 화려한 건축물이 남아 있습니다.

who are you? 검색

대 플리니우스
고대 로마의 정치가이자 학자입니다. 그는 37권으로 된 《박물지》를 썼는데, 고대 세계의 과학 지식을 가장 폭넓게 집대성한 책입니다.
79년에 베수비오 화산이 폭발해 폼페이와 헤르쿨라네움이 매몰되었을 당시 나폴리 만의 로마 함대 지휘관이었던 그는 사람들을 구하기 위해 나섰는데, 화산 폭발이라는 흥미로운 과학 현상을 관찰하려다가 그만 죽음을 당했습니다.

그리고 또 한 명의 유명한 인물이 있는데, 바로 대 플리니우스입니다. 그의 아들 이름도 플리니우스이기 때문에 아버지 플리니우스의 이름 앞에 대(大)자를 붙인 것입니다.

그는 군인으로 전쟁터에 나가서도 틈만 나면 책을 썼다고 합니다. 그가 쓴 가장 유명한 책인 《박물지》는 무려 3만 5,000가지의 사실들에 대해 자세한 묘사와 함께 실용적인 내용을 담고 있습니다. 그러나 현대 과학에서 보면 근거가 없는 것들이 많아 상대적으로 중요도가 떨어지는 편입니다.

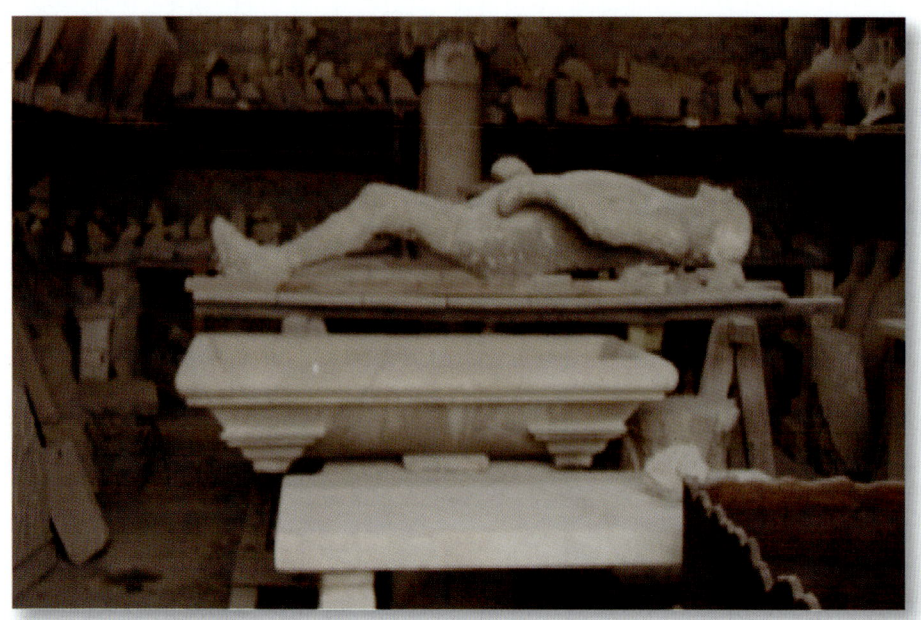

폼페이 화산의 폭발로 희생된 사람들

다음으로 로마를 대표하는 또 다른 성과물로 달력이 있습니다.

로마의 달력은 달의 움직임을 보고 날짜를 계산하던 방식에서 벗어나 태양력을 사용했습니다. 율리우스력은 1년을 365일 6시로 하고, 4년마다 하루의 윤일을 두었습니다. 이 달력을 '율리우스력'이라고 부르는데, 이는 로마의 군인이자 정치가인 율리우스 카이사르의 명령으로 만들어진 것이기 때문입니다.

대 플리니우스의 《박물지》 표지

율리우스력은 전 유럽으로 퍼져 나가 16세기까지 사용되다가 교황 그레고리우스 13세 때 수정되어 오늘날까지 전 세계에서 사용되고 있습니다.

로마인의 발명품 콘크리트

　로마 건축의 특징은 먼저 규모 면에서 찾을 수 있습니다. 그들은 초강국으로서의 자존심과 영광을 기념하기 위해 거대한 구조물을 세웠습니다. 또한, 그들이 정복한 식민지를 효과적으로 통치할 수 있는 시설을 건설했습니다. 예를 들면 도로, 교량, 댐, 저수지, 항만, 상하수도 시설 등이 그것입니다.

　그들은 고대부터 내려온 아치 형태와 그리스의 도리아식, 이오니아식, 코린트식의 3가지 양식을 이용해 기둥을 세웠으며, 여기에 자신들이 개발한 돔 양식을 가미했습니다.

　건축의 주재료는 돌, 콘크리트, 벽돌, 대리석 등이었는데, 특히 로마인이 처음 시작한 콘크리트법은 건축물을 매우 견고하게 만들었습니다. 그들은 화산에서 나온 화산재에 석회석을 섞어 콘크리트를 만들었는데, 그때 만든 시설물들이 지금까지도 견고하게 남아 있는 것은 이러한 재료의 특성 때문입니다.

콘크리트로 만들어진 로마의 콜로세움 내부

석굴암의 신비

경주 석굴암 본존불상

1996년에 유네스코 세계문화유산으로 등재된 석굴암은 지금으로부터 약 1,200년 전인 730년경에 만들어진 것으로 추정됩니다.

우리는 석굴암을 단순히 불교 문화재로 여기고 있지만, 사실 석굴암은 수학·기하학·건축·종교·예술이 집대성되어 있는 세계적으로 자랑할 만한 뛰어난 작품입니다.

당시 불교와 함께 전래된 중국이나 인도의 문화적·기술적 영향을 어느 정도는 받았을 것으로 추정되지만, 전체적인 설계와 공간 배치·수학적 비례 배분·과학적인 자연 통풍·온도 및 습기 등의 자연 조절·조각의 예술적 가치 등은 세계 어디에도 유례가 없는 우리 고유의 작품이라 할 수 있습니다.

또한, 석굴암 본존불상의 균형미는 너무도 완벽해서 혀를 내두를 정도입니다. 먼저 석굴암 본존불상의 얼굴 너비는 당시 사용한 단위로 2.2자, 가슴 폭은 4.4자, 어깨 폭은 6.6자, 양 무릎의 너비는 8.8자입니다. 다시 말해 얼굴 : 가슴 : 어깨 : 무릎 = 1 : 2 : 3 : 4의 비율로 이루어져 있습니다. 기준이 된 1.1자는 본존불상 전체 높이의 10분의 1 크기입니다. 그리고 이 10분의 1이라는 비율은 로마 시대의 신전 건축가인 비트루비우스의 《건축십서》에 나오는 균제 비례와 같다는 사실을 알 수 있습니다.

축구공의 비밀

2002년에 열린 한 · 일 월드컵은 누구나 기억할 것입니다. 당시 축구에서 그다지 뛰어난 성적을 거두지 못하던 우리나라가 4강이라는 신화를 이뤄 냈기 때문입니다. 사실 축구는 아주 오래된 경기 중의 하나입니다. 그럼 옛날에는 축구 경기를 할 때 어떤 공을 사용했을까요? 처음에는 짚을 둥글게 말아서 공 대신 사용했고, 나중에는 소나 돼지의 오줌보에 바람을 넣거나 가죽에 털 같은 것을 넣어 사용했습니다. 그러다가 좀 더 둥근 공을 만들기 위해서 가죽 안에 고무를 넣어 보았지만 이러한 형태의 공은 발이 너무 아파서 제대로 경기를 하기가 어려웠습니다. 그 후로 스포츠 용품을 만드는 여러 제조 회사에서 보다 나은 축구공을 만들기 위해 노력했습니다.

그러다 마침내 텔스타라는 이름의 가죽 공이 나오게 되었는데, 이것은 12개의 정오각형과 20개의 정육각형을 이용해 만든 현대적인 형태의 축구공이었습니다. 즉 이 공은 정이십면체를 응용해 만들었습니다. 정이십면체에 있는 12개의 꼭짓점을 깎아 12개의 정오각형을 넣고 나머지 20개의 면에 정육각형을 넣어 만든 축구공으로, 수학자들은 이 공을 '정이십면체'라고 부릅니다.

그렇다면 정이십면체는 언제 처음 발견했을까요? 그리스의 수학자 아르키메데스는 축구공 모양의 다면체를 만들기 위해서는 정이십면체를 깎아 만들어야 한다는 것을 발견했으며, 레오나르도 다빈치의 스케치에서도 정이십면체를 발견할 수 있습니다.

이러한 구조는 우리 주변의 건축물, 예를 들면 대형 실내 체육관이나 전시장, 온실 등에서 찾아볼 수 있습니다. 같은 부피의 공간이라 하더라도 표면적이 가장 작기 때문에 냉난방에 들어가는 비용이나 열 손실이 그만큼 작기 때문입니다. 게다가 육각형의 뒤틀림을 오각형이 지지해 주어 더욱 튼튼하다는 장점도 있습니다.

수학과 비누 거품

수학과 비누 거품이 무슨 연관이 있을까요?

비누 거품의 막이 만드는 모양은 표면장력에 의해 결정되며, 표면장력은 가능한 한 면적을 작게 하는 방향으로 움직입니다. 따라서 비누 거품은 공기의 표면적이 가장 작아지는 형태로 공기를 감싸 안습니다. 공 모양인 비눗방울이 거품으로 모이면 형태가 변하는 것도 바로 그 때문입니다.

거품이 모이면 거품과 거품 사이는 120도 각도로 접하게 되는데, 이를 삼중 접점이라고 합니다. 삼중 접점은 기본적으로 3개의 선분이 접하는 점이므로 교점의 각 도는 각각 120도가 됩니다.

자연계에는 삼중 접점에 기초한 현상이 많이 있습니다. 예를 들면 물고기의 비늘, 바나나의 과육, 옥수수 알이 붙어 있는 모양, 거북의 등딱지 등입니다. 이는 자연의 평형점이라고 할 수 있습니다.

미술과 역동적 대칭

자연계에는 대칭 형태를 띠는 것들이 많습니다. 나뭇잎, 나비, 사람의 몸, 눈의 결정 등은 모두 대칭입니다. 그러나 비대칭적인 형태도 적지 않습니다. 예를 들어 나비의 한쪽 날개, 앵무조개, 망상어 등이 그것입니다. 그런데 이들의 모습은 비대칭이면서도 그 형태가 아름다운 균형미를 갖추고 있기 때문에 최근에는 '역동적 대칭'이라고 부르고 있습니다. 역동적 대칭을 이루는 형태에서는 거의 대부분 황금 직사각형이나 황금비를 찾을 수 있습니다.

미술에 황금비나 황금 직사각형을 응용하는 것을 '역동적 대칭법'이라고 합니다. 알브레히트 뒤러, 피터 몬드리안, 레오나르도 다빈치, 살바도르 달리, 조지 벨로스 같은 화가들은 모두 황금 직사각형을 이용하여 역동적 대칭을 표현하는 그림을 그렸습니다.

모든 길은 로마로

04 네 번째 수업

카테고리

과학 블로그 3부
- 첫 번째 수업
- 두 번째 수업
- 세 번째 수업
- **네 번째 수업**
- 다섯 번째 수업
- 여섯 번째 수업

로마가 세계 제국으로 성장하면서 몇 가지 문제가 생겼습니다. 로마는 힘으로 식민지를 개척한 나라이기 때문에 식민지들과의 결속력이 약하다는 것입니다. 또한, 영토가 너무 넓어서 중앙에서 통치하기도 쉽지 않았습니다. 어떤 문제가 발생하면 신속히 군대를 이동해야 하는데 그러기 위한

로마 제국의 영토

여건도 좋지 않고 물자의 이동도 쉽지 않았습니다.

그래서 로마인들은 식민지에 도로를 건설하는 일을 중요하게 생각하기 시작했습니다. 당시 로마의 토목 기술은 그리스의 토목 기술과 결합해 최고 수준을 자랑하고 있었기 때문에 그 기술력을 바탕으로 최고의 도로를 건설할 수 있었습니다.

만만한 과학용어 〔검색〕

고대의 콘크리트

고대 이집트 쿠푸 왕의 피라미드나 로마의 아피아 가도, 중국의 만리장성 등은 원시적인 형태의 콘크리트로 만들어진 건축물입니다. 그리고 이들 콘크리트는 석회석을 기본 재료로 하고 있습니다.
중국의 만리장성은 석회석과 점토를 섞은 것에 달걀의 흰자를 함께 넣어 반죽했습니다. 그리고 로마의 도로는 석회석과 화산재를 섞은 다음 그 속에 자갈이나 돌을 섞어 콘크리트 형태로 사용했습니다.

그들은 도로를 만들 때 먼저 바닥에 큰 돌을 가지런히 놓은 다음 큰 돌을 잘게 부숴 그 위에 깔았습니다. 그리고 다시 그보다 작은 자갈이나 모래를 덮었습니다. 이 상태에서 화산재를 콘크리트처럼 만들어 덮었으며, 일부 지역에서는 그 위에 판판한 돌을 깔기도 했습니다.

로마의 도로

로마는 각 지역을 연결하기 위해 도로를 건설했습니다. 도로의 맨 밑부분에 큰 돌을 깔아 기초를 다진 후 그 위에 작은 자갈과 모래를 깔았습니다. 그리고 판으로 된 돌을 깔고 길의 양옆으로는 홈을 파서 빗물이 흘러가도록 했습니다.

만만한 과학용어 검색

아피아 가도

기원전 312년에 만들기 시작한 아피아 가도는 '여왕의 길'이라고도 불립니다.
이 도로는 카라칼라 목욕장 부근에 있는 아우렐리안 성벽의 세바스티아노 성문에서 시작되어, 나폴리를 경유해 그리스의 관문인 브린디시까지 연결되어 있습니다.

그들이 만든 도로는 군대와 마차가 지나갈 수 있도록 5~10미터 너비로 만들었으며, 길이 험한 산악 지역의 경우 그 폭을 절반 정도로 만들었습니다. 또한, 비나 눈이 내려도 길이 훼손되지 않도록 길 양쪽에 물이 흘러갈 수 있는 홈을 만들었습니다.

이러한 로마의 도로 중 가장 유명한 것은 아피아 가도입니다. 기원전 312년에 건설하기 시작한 이 도로는 세계 최초의 포장도로였으며, 가장 잘 만들어진 로마 도로로 알려져 있습니다. 로마는 이러한 도로가 있었기에 세계 제국으로 성장할 수 있었습니다.

로마에서 도로만큼이나 중요한 문제는 물이었습니다. 제국이 번영하면

아피아 가도

서 로마는 그 규모 면에서 예전과 비교가 되지 않을 정도로 커졌습니다.

하지만 로마의 옆을 흐르는 테베레 강은 늘어난 인구를 감당하지 못했습니다. 그래서 로마의 정치인들에게는 물을 끌어들이는 것도 중요한 문제로 떠오른 것입니다. 기원전 312년에 로마의 원로원은 멀리 아니에네 강물을 끌어오는 수로 개발을 시작으로 여러 수로들을 건설하기 시작했습니다. 이 수로들은 길이만도 60~90킬로미터에 이르며, 규모가 큰 수로는 하루에 1,900만 리터의 물을 공급할 정도로 대규모로 만들어졌습니다.

고대 로마의 수도교인 프랑스 퐁뒤가르

그들이 만든 수로는 물을 멀리서 끌어와야 하기 때문에 중력의 영향으로 자연스럽게 흘러야 했습니다. 그래서 수로를 만들 때 경사를 약간씩 주었는데, 그 경사가 매우 정교해서 1킬로미터 떨어진 수로와의 높이 차이가 1미터를 넘지 않았습니다.

만만한 과학용어 검색

로마의 수로 건설

로마의 수로 건설 과정에서 산을 만나는 경우에는 터널을 이용하지만 계곡을 만나는 경우에는 수평을 맞추기 위해 벽돌식 기둥과 아치를 이용해 다리를 만들고 그 위에 물을 흘려보냈습니다.

그들이 아치를 만드는 방식은 고대 메소포타미아 지구라트 건설에 이용했던 방법과 비슷합니다. 가장 먼저 사각 모양의 기둥을 쌓아 올리는데, 이 기둥은 석회석과 화산재를 섞은 재료를 이용합니다. 그 다음에 아치형으로 돌을 쌓기 위해 나무틀을 올립니다. 틀이 완성되면 사다리꼴 모양의 돌을 끝쪽에서부터 쌓다가 마지막으로 가운데 쐐기를 박으면 튼튼한 아치가 완성됩니다. 아치 위로 다시 돌을 쌓아 올리는데, 만약 계곡이 깊으면 아치 위에 또 다른 아치를 쌓아 2층으로 만들기도 합니다.

게다가 수로가 지나는 길에 산이 있으면 터널을 뚫고, 계곡이 있으면 아치형 다리를 놓아 연결했습니다. 골짜기가 너무 깊어서 고가 수로를 만들기 힘든 경우에는 관을 통해 물을 어느 정도 골짜기 아래로 내려보냈다가 다시 위로 끌어올리는 일도 가능했습니다. 반대로 지하 수로를 만들다가 뚫기 힘든 단단한 암반을 만나면 수로를 위로 올렸다가 내리기도 했습니다.

이렇게 해서 로마에 도착한 물은 사람들에게 식수로 공급되거나 대목욕장의 물로 공급되었습니다. 로마에 목욕 문화

만만한 과학용어 검색

로마의 목욕탕

로마의 대중목욕탕은 현대식 목욕탕과 비교해 결코 뒤지지 않았습니다. 그곳은 기본적으로 온탕, 냉탕, 사우나탕을 갖추고 있었습니다.

이러한 대중목욕탕은 로마 제국의 초대 황제인 아우구스투스에 의해 처음 지어졌는데, 제정 말기쯤엔 800개가 넘게 지어졌습니다. 우리에게 많이 알려진 목욕탕으로는 카라칼라, 아그리파, 그리고 네로가 지은 것이 있는데 대단히 사치스러웠다고 합니다.

로마의 대중목욕탕은 다양한 시설이 있는 거대한 사교장이었습니다. 이러한 문화가 가능했던 것은 수많은 수로 공사로 로마에 엄청난 물이 공급될 수 있었기 때문입니다.

외부의 침입으로 파괴된 로마의 수로

가 발달한 것도 이런 수로가 있었기 때문에 가능했습니다.

로마의 트레비 분수에 물을 공급하는 아쿠아 베르지네 수로는 아그리파가 자신의 이름을 따서 지은 아그리파 목욕장에 물을 공급하기 위해 만든 것으로 유명합니다. 훗날 로마를 공격했던 사라센의 군인들은 이 수로의 중요성을 알고 가장 먼저 로마로 지나는 수로를 파괴했다고 합니다.

로마의 토레비 분수

사이펀의 원리

로마의 경사로 수로

로마의 사이펀

수로를 통해 물을 운반하거나 분수에서 물을 뿜어내도록 하는 원리는 '사이펀의 원리'를 응용한 것입니다. 통에 들어 있는 물을 고무호스를 통해 입으로 빨아들였다가 놓으면 물이 호스를 통해 계속 빨려 나오는데, 이것이 바로 사이펀의 원리 실험입니다.

사이펀이란 액체를 위로 빨아올려 더 낮은 곳으로 내려보내기 위해 양쪽의 길이를 서로 다르게 구부려 놓은 관을 말합니다. 사이펀은 크기의 제한을 받지 않으며, 중력의 영향과 액체 자체의 응집력으로 물이 이동하게 됩니다. 보통 이러한 원리로 물을 끌어올릴 수 있는 높이는 11미터 정도라고 합니다.

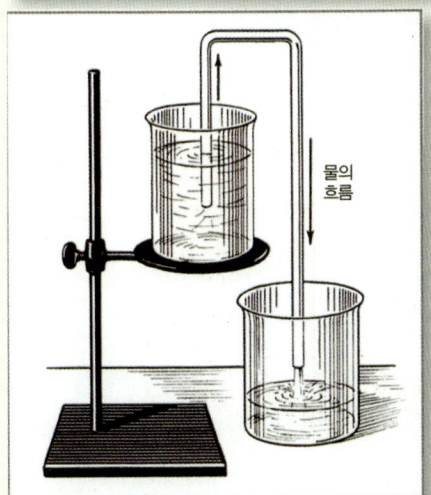

사이펀 원리 실험

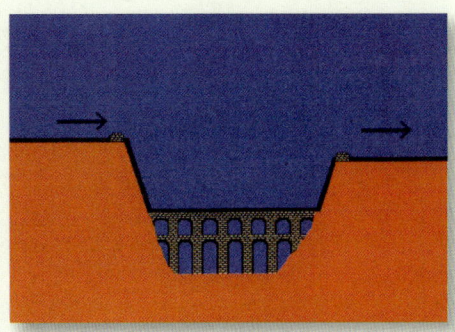

로마 수로의 높이 차이와 물의 흐름

트레비 분수의 비밀

1950년대 영화 〈로마의 휴일〉의 배경으로 등장하는 트레비 분수에는 재미있는 과학이 숨겨져 있습니다. 트레비 분수는 로마 시대에 만들어졌는데 로마의 멸망과 함께 수로가 끊겨 작동이 멈추었습니다. 그러다가 786년에 교황 하드리아누스의 지시로 다시 복구되었습니다.

이 분수가 끊임없이 물을 뿜는 원리는 수압과 대기압에서 찾을 수 있습니다. 이 분수에는 물을 담는 수반이 3개 있습니다. 각각 크기가 달라서 더 예쁘기도 하지만, 이렇게 크기를 달리한 데는 대기압과 수압을 높게 하려는 의도가 숨어 있습니다.

분수의 넓은 수반에 물이 가득 차면 이 수반의 넓이에 따라 작용하는 대기압도 그 만큼 커지게 되고, 그로 인해 작은 수반으로 물이 차오르게 됩니다. 이 물이 넘쳐 다시 큰 수반에 담기면 물은 지속적으로 순환을 하게 되는 것입니다.

트레비 분수의 수반

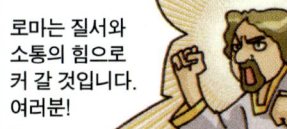

콜로세움과 판테온

05 다섯 번째 수업

카테고리

과학 블로그 3부
- 첫 번째 수업
- 두 번째 수업
- 세 번째 수업
- 네 번째 수업
- **다섯 번째 수업**
- 여섯 번째 수업

레슬링 경기를 보면 그레코로만형이라는 방식이 있습니다. 선 자세로 경기를 시작하여 팔만 사용해 상대편의 허리 윗부분만 공격하는 방식입니다.

그런데 원래 그레코로만은 고대 로마 문화를 설명하는 말이었습니다.

로마가 그리스의 문화를 흡수하면서 만들어진 복합적인 문화 형태가 그레코로만인 것입니다. 로마는 이러한 문화를 유럽과 아프리카에 전달함으로써 중세와 르네상스, 근세의 모든 문화와 예술에 영향을 끼쳤습니다.

처음에 로마인들은 그리스의 문화를 받아들이려고 노력했지만 문화적인 특성은 그리스와 많은 차이가 있었습니다. 특히 그리스인들이 철학적 사고와 수학적 사고가 발달한 반면, 로

> **만만한 과학용어** 〔검색〕
>
> **르네상스**
> 중세 암흑기를 지나 14~16세기에 이탈리아에서 시작되어 유럽 여러 나라에서 일어난 인간성 해방을 위한 문화 혁신 운동입니다.
> 르네상스는 인간의 이성보다는 종교라는 테두리 안에서 모든 것이 결정되면서 침체된 모든 문화적인 면에서의 해방을 추구했습니다. 또한, 도시가 발달하고 상업 자본에 의해 새로운 계급이 만들어지자 자연스럽게 개성과 합리성을 중시하고 현실적인 욕구를 추구했습니다.
> 이런 것들을 바탕으로 문학·미술·건축·자연과학 등 여러 방면에 걸쳐 유럽 문화가 발전하는 데 중요한 밑거름이 되었습니다.

호메로스의 이야기를 듣는 로마인의 모습을 그린 알마 타데마의 그림

마인들은 실제적인 사회 조직 속에서의 사고와 문화를 중시했습니다. 그래서 그들은 과학보다 공중 의료 시설의 설립, 도로와 수로의 건설, 율리우스력의 사용 등에 더 관심을 보이며 많은 업적을 남겼습니다.

이러한 성향이 두드러진 것이 고대 로마의 원형경기장인 콜로세움입니다. 초기의 로마 시민들은 대단위 정복 전쟁으로 늘 가난한 삶을 살았습니다. 이들의 불만이 언제든지 터져 나올 것이라고 생각한 황제들은 대규모의 공공 오락을 제공해 이들의 불평을 무마시키려고 했습니다. 그러한 의도로 만들어진 것이 바로 콜로세움으로, 영화 〈글래디에이터〉에서 검투사들이 경기를 벌이던 곳이기도 합니다.

로마의 콜로세움

이곳에서는 3,000명이 넘는 사람들이 공연할 수 있었고, 심지어 배를 띄워 연극을 공연하기도 했다고 합니다. 관람석도 5만여 명의 관객들이 입장할 수 있는 어마어마한 규모였습니다.

콜로세움은 그리스의 영향을 받은 대표적인 로마식 건물이었습니다. 기술적인 면에서도 그리스인이 발명한 기중기나 도르래를 사용해 만들었으며, 50미터 높이의 건물에는 그리스의 기둥 양식들을 도입했습니다. 먼저 1층은 도리아식, 2층은 이오니아식, 3층과 4층은 코린트식 기둥 양

만만한 과학용어 검색

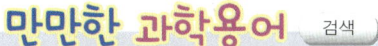

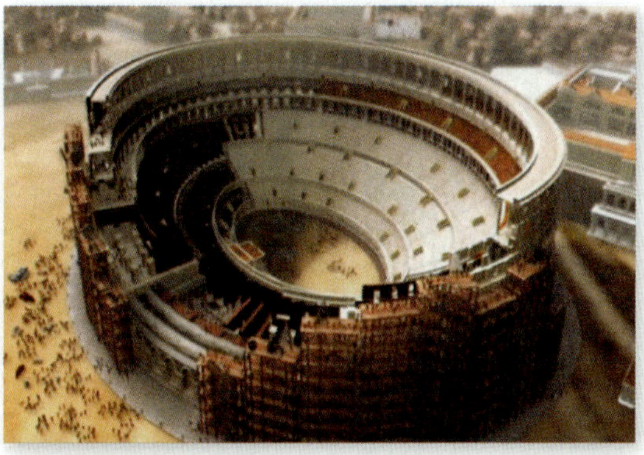

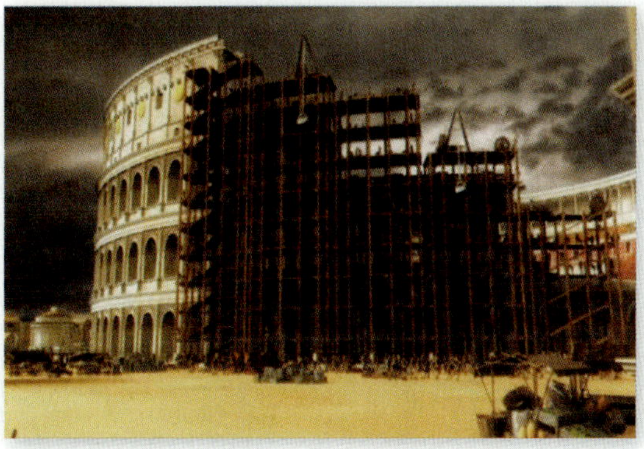

콜로세움 건축의 상징화

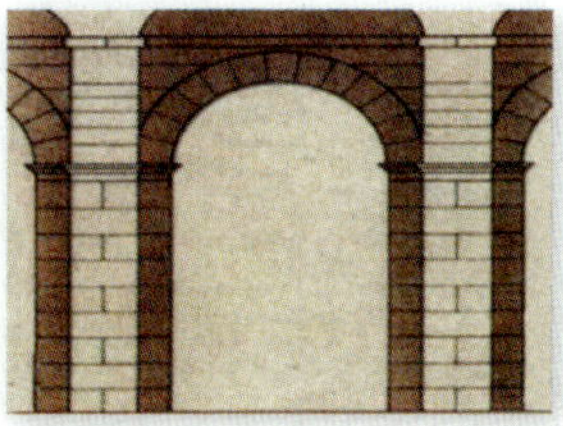

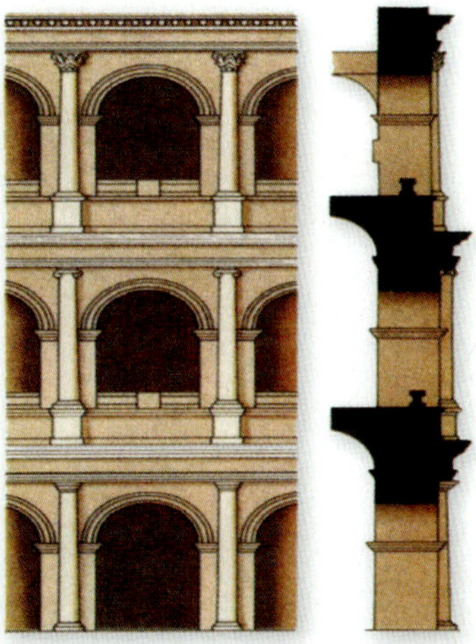

콜로세움의 기둥 양식들

콜로세움 건축 방법

콜로세움은 석회석으로 만든 콘크리트를 이용해 건설했으며, 내부 양식은 고대 그리스에서 사용한 건축 양식을 도입했습니다.

만만한 과학용어 검색

아치의 과학적 구조

아치란 활이나 무지개처럼 곡선을 그리는 구조물입니다. 건물의 지붕이나 다리를 만들 때 많이 쓰이며, 주로 돌을 사용합니다. 아치형 구조물에 무게가 실리면 그 힘이 돌덩이들로 전달되는데, 맨 윗돌은 그 아랫돌을, 그 아랫돌은 또 그 아랫돌을 누르는 식으로 전달됩니다.

그런데 아치형 구조물에 누르는 힘이 가해질 때 생기는 수축력은 구조물을 약하게 하는 게 아니라 오히려 더 강하게 합니다. 아래로 누르는 힘을 받을수록 돌덩이들끼리 서로 미는 힘이 세지면서 더욱 튼튼하게 지탱하기 때문입니다.

돌은 누르는 힘을 견디는 데는 뛰어나기 때문에 돌로 만든 아치형 다리는 받침이 없어도 무너지지 않고서 있을 수 있고, 수평으로 길게 놓은 다리보다 훨씬 튼튼합니다. 이처럼 아치 구조는 매우 안정된 구조라고 할 수 있습니다.

로마 개선문의 아치

아치 구조로 만든 불국사 청운교

식을 사용했습니다. 이처럼 콜로세움은 로마식 구조에 그리스 신전 건축에 쓰인 기둥 양식이 결합해 만들어졌으며, 이러한 양식은 오늘날에도 경기장 건설에 많은 영향을 미치고 있습니다.

이후 로마의 건축은 그리스 문화의 영향력에서 벗어나고자 독자적인 형식을 개발해 나갔습니다. 로마의 건축가들은 메소포타미아와 그리스 양식으로부터 빌려온 기술을 바탕으로 새롭게 아치와 궁륭, 돔 등의 구조물을 개발했습니다. 기존의 그리스 형식은 기둥과 기둥 사이가 촘촘했지만, 로마식은 아치를 이용해 기둥을 떨어뜨려 더 넓은 공간을 확보할 수 있었습니다. 그리고 아치를 이용해 대규모의 건물도 지을 수 있었습니다.

로마 건축의 또 다른 특징은 내구성이 강한 콘크리트의 사용을 들 수 있습니다. 그들의 콘크리트 기술은 최초로 받침대 없이 거대한 내부 공간을 만들 정도로 발달했습니다.

그러한 기술을 가장 잘 보여 주는 것이 판테온입니다. 판테온은 모든 신이라는 뜻으로, 로마의 모든 신을 위해 지은 신전입니다. 기원전 25년에 지어졌음에도 흠 하나 없어 보존될 수 있었던 것은 그만큼 당시의 건축 기술이 뛰어났기 때문입니다.

언뜻 보면 다른 그리스 신전이나 로마 신전과 다를 것이 없어 보이는 이 신전이 대단한 가치를 가지는 이유는 로마 건축 기술의 결정체라 할 수 있는 완벽한 돔 때문입니다. 그리스의 수학과 로마의 건축 기술의 조화로 만들어진 판테온은 넓은 내부에 비해 기둥이 하나도 없습니다. 다른 건축물처럼 큰 돔을 지탱하기 위해 작은 돔을 옆으로 연결시키는 장치도 없습니다.

판테온 입구

판테온의 내부 모습

판테온의 내부는 가로, 세로, 높이가 같으며, 높이는 지금의 15층 건물과 비슷합니다. 판테온의 돔은 산피에트로 대성당에 비교되기도 하는데, 판테온의 돔보다 크게 만들려고 했으나 기술적으로 부족해 결국 1.3미터 정도 작게 만들었다고 합니다.

이처럼 거대한 돔이 기둥 하나 없이 무게를 지탱할 수 있는 것은 치밀한 계산이 있었기 때문에 가능했습니다. 돔 안쪽에 만들어진 네모난 홈은 무게를 줄이기 위해 만든 것입니다. 또한, 콘크리트의 양도 돔을 지탱 하는 아래쪽은 두껍게 만들고, 위로 올라갈수록 그 두께를 줄여 무게를 줄였습니다.

판테온은 르네상스 시대에는 무덤으로 사용되어 이탈리아의 화가 라파엘로와 이탈리아의 왕 빅토리오 임마누엘 2세 등이 묻혀 있습니다. 그러나 현재는 가톨릭 성당으로 사용되고 있습니다.

만만한 과학용어 검색

판테온의 구조

판테온 회랑 단면

판테온 입면도

판테온 평면도

고대 과학의 종말

06 여섯 번째 수업

로마의 멸망은 유럽의 과학을 천 년 이상 침체기로 몰고 갔습니다. 중세로 넘어가면서 신학 중심의 세계관에 빠져 과학보다는 신학을 중요하

콘스탄티누스 대제에 의해 기독교가 공인되고 테오도시우스 1세에 의해 국교가 된 후 파괴된 로마의 신상

게 여겼고, 이성보다는 신을 중시하게 되었기 때문입니다.

그리스와 로마로 이어지던 과학은 로마 제국 말기부터 점차 쇠퇴했습니다. 로마에서 과학이 쇠퇴한 원인은 무엇보다도 사회적인 불안정에 있습니다.

디오클레티아누스황제 이후 사회적으로 불안정이 계속되었고, 395년에는 황제 테오도시우스 1세가 두 아들에게 제국을 나누어 줌으로써 로마가 동서로 갈라지는 계기가 되었습니다. 이후 476년에 게르만 민족의 침입으로 서로마 제국은 결국 멸망했습니다.

이러한 상황에서 로마는 초창기부터 유지되어온 중앙정부의 강력한 지배 체제가 무너지면서 도시가 몰락하게 되었습니다.

만만한 과학용어 검색

로마의 국교가 된 기독교

기독교는 로마의 식민지인 유대 지역에서 생겨난 민족 종교였습니다. 기독교는 처음에는 로마에서 환영받지 못했습니다. 그들이 박해를 받은 가장 큰 이유는 유일신 사상 때문에 황제 숭배를 거부했기 때문입니다.

그러다가 콘스탄티누스 대제가 황제로 있던 313년에 기독교가 공식적인 인정을 받고 391년 테오도시우스 1세에 의해 국교가 되면서 다른 모든 종교가 금지되었습니다. 그리고 로마가 기독교 국가가 되면서 기독교는 로마의 지배 아래에 있는 모든 나라로 전파되었습니다.

기독교를 국교로 삼은 로마의 황제 테오도사우스 1세

사실 도시 생활은 사람들에게 많은 혜택을 주었습니다. 그중에서도 교육과 같은 지식에 대한 혜택이 컸는데, 로마 제국 말기에 이런 구조가 붕괴되면서 서서히 과학의 침체를 가져온 것입니다.

고대과학이 쇠퇴하는 데 영향을 미친 또 하나의 요인은 기독교가 로마의 국교로 채택된 일입니다. 이때부터 과학이 기독교 교리를 합리화하는 데 이용되기 시작해 기존의 이성에 의한 사고보다는 신비적이고 종교적으로 변했기 때문입니다.

이후 종교적인 박해가 심해져 당시 유럽의 지식인들이 대부분 페르시아나 시리아로 도피하면서 유럽은 더 이상의 과학 발전을 이룰 수 없었습니다.

바티칸시국에 있는 산피에트로 광장

초기 기독교 건축

　로마에서 기독교가 공인되면서 로마의 건축 양식은 고대에서 중세로 넘어가는 중간적인 형태를 띠게 됩니다. 그리고 로마가 멸망한 후에는 로마가 남긴 건축에 대한 이론과 사상들이 기독교적인 형식으로 변해 새로운 건축 양식을 창조하게 되었습니다.

　기독교의 건축가들은 로마 전통이 묻어나는 바실리카 양식을 기본으로 삼았는데, 그러한 양식은 점점 일반화된 양식으로 성장했습니다. 기독교 건축의 형식은 로마의 전통을 유지하여 로마 신전 양식에서 사용하던 기둥 양식을 그대로 사용하기도 했지만, 고대부터 중시되던 조화미에 대해서는 그다지 신경 쓰지 않았습니다.

대표적인 바실리카 양식인 산피에트로 대성당

바실리카 양식의 천장

이 시기에 지어진 대표적인 건축물로는 바실리카 성당인 로마의 산클레멘테 성당과 산피에트로 대성당, 산타 마리아 마조레 성당 등이 대표적입니다.

바실리카의 뒤를 이은 비잔틴 건축은 4세기 초부터 오늘날에 이르기까지 사각형 또는 다각형 평면 위에 돔을 세우는 형식을 그 특징으로 하고 있습니다. 콘크리트나 벽돌을 쌓아 올리는 방법은 로마의 기술을 물려받았으며, 그 위에 대리석으로 감싸는 방법을 썼습니다. 비잔틴 양식의 대표적인 건축물은 콘스탄티노플의 성 셀기우스와 바커스 성당, 성 소피아 대성당, 베니스의 산마르코 대성당 등이 있습니다.

비잔틴 양식으로 지어진 성 소피아 성당

폐허가 된 로마